巻頭カラー

写真で見る!
山岡流「満室リフォーム」術

第2章より(アクセントロス)

横ストライプで部屋を広く見せる

黒と赤のコントラストは相性良し

ナチュラル系は男女共に人気

初心者はWCからはじめるのが◎

第3章より(ビタミンカラー部屋)

温かみを感じるオレンジ部屋

爽やかさを感じるグリーン部屋

第4章より（部屋の柱）

邪魔なでっぱり柱をプラスに！

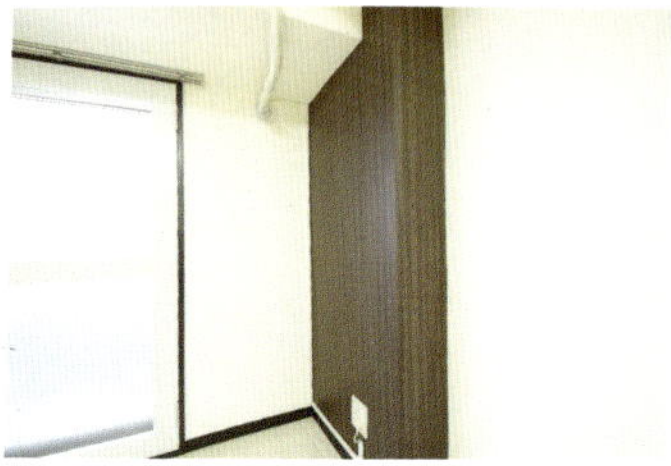

低価格で差別化できる。

第5章より（OSB材棚）

OSB材は若者に人気

塗装しても面白い

第6章より（照明）

常識からの脱却

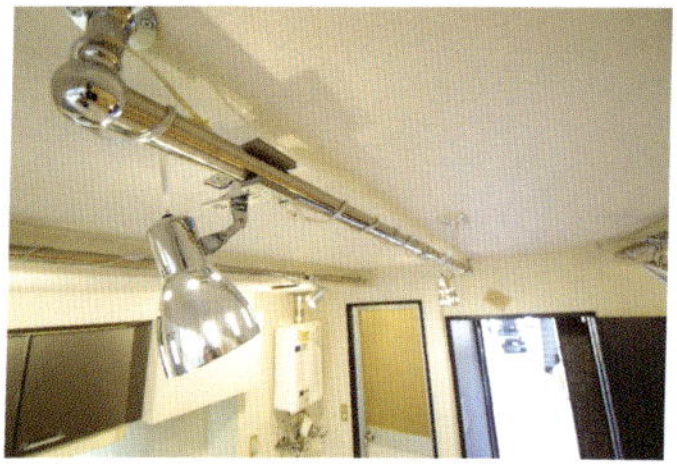

誰もが驚く照明こそ差別化

デザイン照明で差別化を推進

イケア照明もGOOD ！

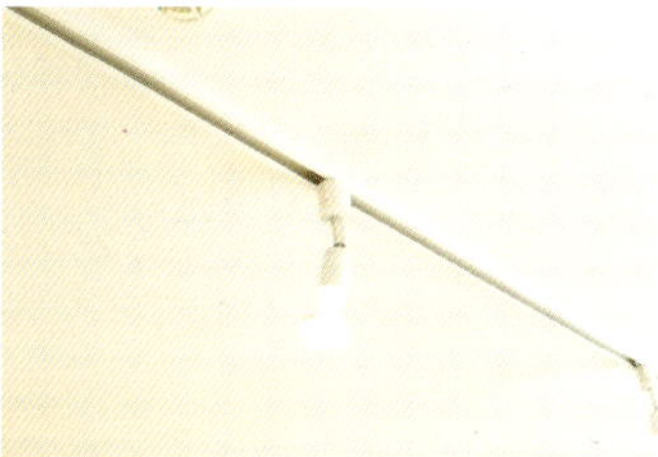

自由度の高いダクトレール照明

照明変更は基本中の基本

第7章より（イケアブランコ）

施工前　つまらない和室が・・・

施工後　オンリーワンな部屋に！

天井まで気を抜かずに配慮

躯体を守るように補強しましょう。

第8章より（お風呂リフォーム）

施工前　何処にでもある浴室・・・

施工後　申込が殺到する浴室へ

3点ユニットだからこそ差別化を

ナチュラル系シートも素敵です。

第9章より（簡易洋室）

施工前　不人気和室をどうするか

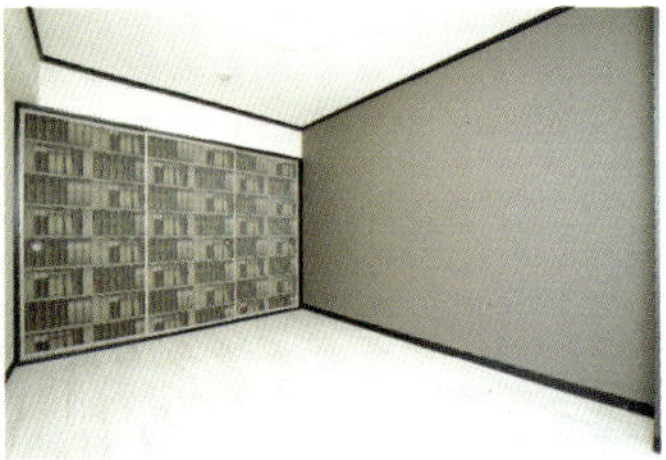

施工後　低費用で大人気な部屋に

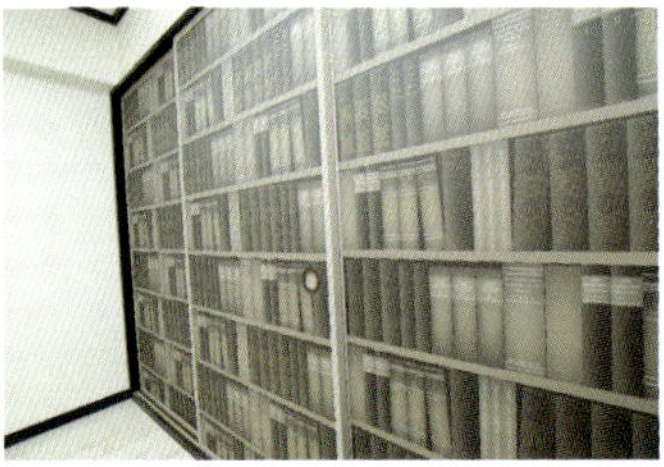

秘密の本棚の裏側は・・・

こうした遊び心が受けています

大家の駆け込み寺
「満室研究所」所長が教える

「遠方・地方・激戦区」でも

新版

満室大家

になる方法

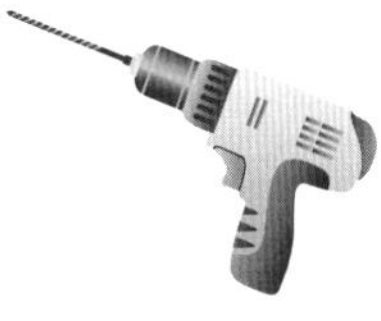

満室研究所所長
山岡清利

はじめに

数ある不動産投資本の中から本書を手に取ってくださりありがとうございます。

満室研究所・所長の山岡清利です。

私は2001年に東京に居ながら初めて札幌に収益物件を購入し、不動産投資の世界に足を踏み入れました。

その後、東京在住のまま札幌のアパートを4棟まで増やし、その後も物件を増やしながら遠方大家を満喫する予定でした。

ところが、そのプランは2005年に儚くも崩れ去りました。

札幌はいつの間にか賃貸激戦区となり、家賃の下落、空室率の増加、広告費の急騰など、様々な苦難が襲いかかってきたのです。

このとき、遠距離不動産投資の難しさを、嫌と言うほど味わいました。

東京から札幌の管理会社に指示を出しても、実行されるまで途方もない時間がかかるストレス・・・。

10のことを頼んでも、そのうちの一部しかやろうとしない現地のスタッフへの不信感・・・。

地元の相場間と自分の相場の乖離や、地元の空気感がわからないもどかしさ・・・。

そんなことが積み重なり、毎日もんもんとした日々を東京で過ごしていました。


一時は、遠方不動産投資の全てが嫌になりそうでした。

北海道が大好きで、いつか札幌に住むことを目標に遠方投資を始めたのに、頭の中は後悔と不安で一杯でした。

そして2007年、私はこんな状態を脱却するために、家族を引き連れて札幌に移住しました。


物件の近くに住んでも、耳に入るのは厳しい言葉ばかりでした。

「近くに新築物件が増えているから、中古物件は家賃を下げなければ埋まらない」

「ライバル物件に勝つためには、多額の広告料を支払う必要がある」

そんな話を仲介スタッフから聞くたびに、弱気になりかけました。
しかし、あるとき、こう思ったのです
アナログ&ぬるま湯に浸かっているこの業界だからこそ、常識に囚われない新しい発想で挑めば勝機は必ずある！

やれば、できる！と。

そして、実際に様々な空室対策を実践することで、激戦区といわれる札幌で、私は楽しみながら満室経営を続けられるようになりました。
今思うと、東京に住んでいた頃は、管理会社へ何か依頼するとき、頭の中で「彼らでは無理だろう」という気持ちがありました。しかし、実際に会ってみると、熱心なスタッフが多く、自分の依頼の仕方に問題があったのだと気付きました。
当時の私は、遠方投資であることを言い訳に、「満室にならない理由」や「やれない理由」を自分で作り上げてしまっていたのです。

本当は簡単なことなのに・・・。

自宅から物件が遠いと、アクションを起こすことが億劫になり、不安ばかりが膨らむものです。

しかし、実際には物件との距離はそうたいした問題ではありません。

自宅と物件が遠くても、満室経営を続けている大家さんはたくさんいます。

反対に、物件からすぐの場所に大家さんが住んでいるのに、ガラガラの物件も世の中には数多くあるのです。

あなたの物件を満室にするには、あなたの決断力と行動力が必要です。

ひとつアクションを起こすたびに、その大家さんは、「退去に怯え続ける大家」から、「空室が出てもすぐに埋められる強い大家」へと成長します。

なお、本書は2013年に同タイトル、同出版社より刊行した拙著の改訂版となります。

前著は出版後大反響となりましたが、「もっと詳しくリフォームのことを教えてほしい」「リフォーム部分を写真で見たい！」など、読者の方からの熱いメッセージがたくさん届きました。

そこで、編集者さんの後押しもあり、「新版」として再び書店に並べていただくことになりました。

新版では、巻頭にカラーページを追加。リフォーム術をカラー写真でご覧いただきます。また、本文にも「新章」として、ご要望の高かったリフォーム術について、大幅に書き起こしました。

たくさんの大家さんたちから好評を得た本書です。ぜひご活用ください。

札幌に限らず、不動産投資で激戦区と呼ばれる地域は年々増えています。何もしなければ、状況は悪くなる一方です。

「えい！」と一歩を踏み出してみましょう！　挑戦しましょう！

固い決意とチャレンジ精神あふれる大家さんを、私は本気で応援します。

満室研究所 所長　山岡清利

目次

第3章 移住してわかった「遠方大家」の隠れたリスク

第6章 仲介スタッフを味方につければ遠方投資も怖くない

第7章 インターネットでの募集画像が内見数を左右する

第8章　"4P+1P戦略"を取り入れ満室経営を目指す

新章

〈最新版〉山岡流「満室リフォーム」術

1

山岡流「オンリーワン戦略」の基本

山岡満室リフォームの基本は、他の物件との差別化、つまり「オンリーワン戦略」です。空室に苦しんでいるのはあなただけではなく、多くの大家さんも一緒です。そんなライバルの多い時代に、どこにでもある部屋を提供しているようでは、競争には勝てません。大家が先頭に立って、「お客様に選ばれる部屋」を提供していくことが、これからの賃貸経営には不可欠なのです。

では、「オンリーワン戦略」とは何なのか？

最大の特徴は、**仲介業者対策**と**お客様対策**の2本立てで、作戦をたてることです。

1）仲介業者対策

空室を埋めるためには、仲介業者があなたの物件を**優先して紹介したくなる仕組み（売上が上がる部屋）**を作ることが大切です。

仲介スタッフに「決まるかも？」「ここなら絶対大丈夫」「他業者より先に自分のお客さ

んに見せなければ！」と思ってもらえるような部屋を作り上げれば、内見数は飛躍的に増加し、成約までのスピードが速まります。

10人内見して1人が申し込む場合、10人の内見に2カ月かかるか、それとも1カ月で達成させるかの違いは、とても重要です。

理想はもちろん、最短で10人に内見してもらうこと。

そして、山岡の「オンリーワン戦略」を使ったアパートでは、空室が出たとたんに内見希望が殺到し、1週間以内に申し込みが入ることも珍しくありません。

でも、**「優先して紹介したくなる仕組み」**ってどう作るの？　と思うでしょう。

その答えは、彼らが「営業職」であることを理解することです。

彼らは、仲介業者ですから内見で稼ぐのではなく、賃貸契約の締結をして初めて売上になることを良く理解しましょう。

オーナーがいくら菓子折を持ってあいさつに行ったところで、「決めにくい部屋」「決まらないと思う部屋」、つまり売上に直結しない部屋には本気で案内しようとはしません。

仲介営業マンたちはドライです。彼らに「売上が上がる部屋」を提供することができれば、自動的に内見率が増え、成約率も上昇するのです。

まずは商品である「お部屋」を魅力的に仕上げ、内見率を上げる努力が必要です。

2）お客様対策

エンドユーザーであるお客様には、シンプルに「お得だ」「ここに住みたい！」「迷っていたら誰かに取られる」と感じてもらうことが、申し込みにつながります。

そのためには、その部屋に住んで得られるメリットを適切にPRし、手を挙げやすい環境を作ることが効果的です。

・差別化リフォーム戦略で物件の価値と知名度をあげる

では、仲介業者の営業マンが案内したくなる部屋を作り、内見者の数を増やして、最短期間で申し込みをいただくためには、どうしたらいいのでしょうか？

試行錯誤の結果、私が辿り着いたのは、清潔感とオンリーワンを重視した「差別化リフォーム」（周りからは「山岡満室リフォーム」と呼ばれています）という手法でした。

何をするかというと、空室が出るたびに、段違いに清潔感があり、周辺のライバル物件にはとうてい真似できないリフォームを施した物件を提供するのです。

すると、仲介スタッフが「山岡満室リフォームの部屋は決めやすい！」「優先的に案内させてほしい」「工事中の山岡満室リフォームの物件を教えてください」と積極的に動いてくれるようになったのです。

ポイントは、空室が出るたびにそのような部屋を作り、短期間での成約という実績を積み重ねていくこと。一回きりでは、まだまだ営業マンの心を動かせません。

実績が増え、多くの仲介業者に「あのオーナーの部屋は絶対に決まる！」と思ってもらうことができで、あなたと物件のファンが増え、いい循環を作っていけます。

この本では、山岡満室リフォームの中でも、特に成約に結び付きやすく低コストでできるリフォーム事例をページの許す限り紹介しています。

中にはＤＩＹでできる内容もありますので、ぜひチャレンジしてみてください。

自分での作業が難しい場合は、本書を管理会社担当や施工業者さんに見せることで、相手の理解度が上がり、スムーズに施工発注が進められますので、ぜひご活用ください。

2

差別化の基本はアクセントクロスから

低コスト差別化リフォームで基本となるのが、アクセントクロスです。

アクセントクロスとは、色つきや柄つきのクロスのことです。

このアクセントクロスを部屋の壁の一面（または一部）に使うことで、部屋が広く見えたり、落ち着く感じになったり、インテリアのイメージを固定できたりという効果が期待できます。

実際に施工する際は、柄つきや色つきの1000番台の高級クロスを使用します。

クロス選びの注意点は、勇気を出して、お部屋のアクセントになるようなインパクトのあるクロスを選ぶことです。

初心者大家さんは通常、完成形がイメージできず、派手なクロスを使うことに躊躇してしまいがちです。

その結果、限りなく白に近い無難な1000番クロスを選んでしまうことが多いのですが、それではアクセントになっていないので、せっかくコストをかけた意味がありません。

1）アクセントクロスを貼る場所

アクセントクロスを貼る場所は、次のようなスペースです。

・リビングで一番目立ち、窓や凸凹していない広く大きな面の壁
・トイレタンクの裏
・子供部屋（ファミリー物件の場合）
・玄関の下駄箱上部の壁
・和室の壁
・玄関の壁
・寝室の壁
・窓枠がある壁
・クローゼットの中
その他、色々・・・。

つまり、やりすぎなければどこでも良いのです。
これといって制限はありませんので、気楽に行きましょう。
ちなみに、山岡満室リフォームで施工することが多い場所は、次のとおりです。

●1R～2LDKの間取りの場合
・リビングで一番目立ち、窓や凸凹していない広く大きな面の壁
・トイレの一面

●3LDK以上の場合
・1R～2LDKの基本2面＋空室が素敵に見えるような壁
・入室時に一番目につく壁
・TVを設置すると思われる壁
・背の高い家具を置かなそうな壁
・子供部屋になりそうな部屋の壁
など

2）どの壁紙を使うか

山岡満室リフォームで多用しているアクセントクロスの一部を紹介します。ネットで型番を検索すると、どのような柄か確認することができます（2014年1月現在）。

・トキワ
TWP7669
・リリカラ
LL－3619、LL－3617、LL－3647、LL－3648、LW－7697、LW－7901（横貼り）、LW－7917
・サンゲツ
RE－3011、FE－9630
・シンコール
BA－3071、BA－3162（横貼り）

補足ですが、今、輸入クロスが流行っています。
海外のクロスは派手な柄が多いのでアクセントクロスにはうってつけなのですが、単価が高いため、投資効率を考えるとなかなか使えないのが実情です。

とはいえ、家賃帯によっては十分ペイできるポテンシャルを持っておりますので、一度考慮してみても良いでしょう。

一度貼ってしまえば国産クロスにはない良さやインパクトを感じられると思います。


おすすめの輸入壁紙専門店（ホームページを覗いてみると面白いですよ）

・WALPA　http://walpa.jp/

私も輸入壁紙専門店のホームページから、いつもインスピレーションをもらっています。

3 ビタミンカラー部屋で元気で爽やかなお部屋に

ビタミンカラーといっても「ピン！」とこないかもしれませんね。

簡単に説明すると、原色ではなく、パステル系の色彩なのですが、その中でも鮮やかな色で、見ていると元気がでるような色のことを指します。

私は単身者向けの物件やファミリー物件の子供部屋などによく、オレンジ色のクロスやグリーンのクロスを使っています。

それらの部屋を「オレンジ部屋」「グリーン部屋」と称して仲介店舗に営業したところ、初めのころはまぁ変人扱いされました（苦笑）。

「山岡さん、やっちゃいましたね」「こんな派手な部屋、決まりませんよ！」「えー！　この色だと難しいですよ〜」などなど、散々なご意見をいただきました。

それでもめげずに営業していると、若い営業員さんの中に「いいですね！」「これなら埋まりますよ！」と好感触なご意見もチラホラ聞かれるように・・・。

そして、最終的には、「このクロスはあり得ません！」といっていた営業マンが決めてくれるという大どんでん返し。しかも、２週間という短期間での申し込みです。

この物件はその後、退去があるたびにオレンジ部屋、グリーン部屋のリフォームを続けたため、仲介業者の中で認知度が高まり、今では退去予告や工事手配中に、「グリーン部屋でお願いします！　すぐに決めますから！」と仲介店舗から連絡が入るようになりました。

・入居者の属性に合わせたカラー戦略とＰＲ

成功の秘訣は入居者の属性を見据えてのカラー戦略、そしてＰＲを徹底することです。

例えば学生が多く住むようなマンションでは、男女共に好まれるカラーを使い、他にも本書で紹介しているような差別化を取り入れて、友達に自慢できるような部屋を目指します。

あるビタミンカラー部屋は、築25年以上のどこにでもある普通の部屋でした。

それまで、オーナーは低家賃と高広告費で勝負していましたが、ビタミンカラーの壁紙や、その他の山岡満室リフォームを取り入れたことで広告費を下げ、家賃を上げることに成功し、今では空いてもすぐに申し込みが入る高収益物件に生まれ変わっています。


ビタミンカラー部屋作りのポイントは、アクセントクロスとして単色のクロスを貼るだけでなく、建具類も一緒にペンキで色づけすることです。

部屋全体の統一感を出すために、くたびれた建具類も同色で塗りつぶしてしまうのです。

古い建具にペンキを塗ると、見違えるように部屋が明るくなります。

そのため、築浅物件よりも築古物件のほうがリフォームコストの費用対効果が高くなるやり方ともいえます。

実際に使用しているクロスは、次のものです（２０１４年1月現在)。

・リリカラ

LL－3619（オレンジ）、LL－3617（グリーン）
※カラーページにも例を掲載しているので参考にしてください。

4 室内の隅の邪魔な柱をアクセントに

マンションの場合、室内の隅に邪魔な柱があることがあります。

「この凸が無ければ家具をキレにおけるのにぃ～！」と誰もがこの凸を忌み嫌うのですが、この厄介な柱を、とても簡単に部屋のアクセントにする方法があります。

その方法とは、「柱」の部分だけ天井から床まで縦にアクセントクロスを貼る。これだけです。

「そんなのウソだ！」とお思いでしょうが、これが非常にかっこいいのです。

私は高級感の出る木目のゼブラウッド柄を主に使っています。

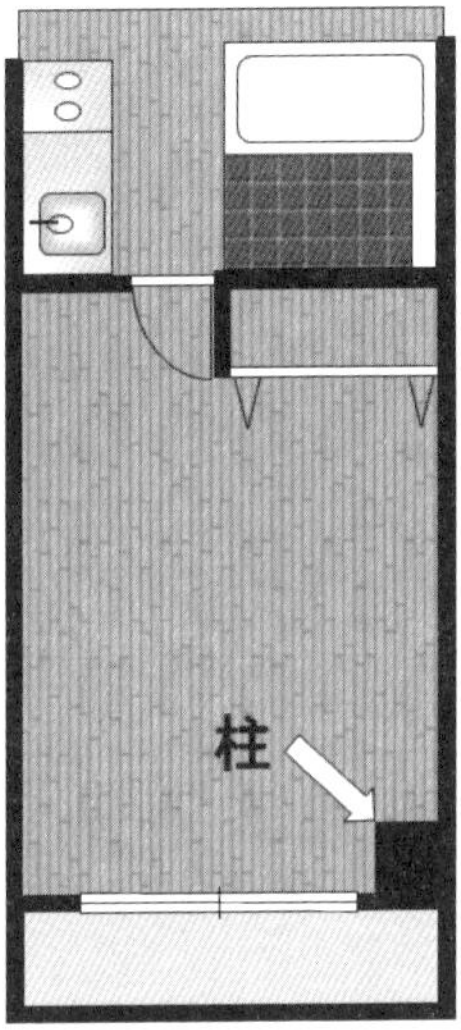

邪魔な柱をかっこよく！

・リリカラ
LL－3648（柱一本につき約3㎡）

柱に柄つきクロスを縦にペロッと貼るだけで、お部屋がビシッと締まります。カラーページにも例を掲載しているので、参考にしてください。

5

単身賃貸にはOSB＋ロイヤル壁面収納で決まり！

入居者は収納力のある部屋を求めています。しかし、単身向けのお部屋などではウォークインクローゼット等の大型収納が付いている部屋は少ないものです。

こうしたマイナスポイントを払拭するために、写真のように可動棚で壁面収納を作り、入居者のニーズにこたえる方法があります。

やり方としては、既存の石膏ボードの上にOSB合板を貼ってしまいます。板の大きさは1820mm×910mmです。

施工の際には大胆に床から貼っていきます。床から貼りつけていくと天井部分に隙間ができますが、その部分にもOSB材を切ってはめこみ、壁全面をOSB合板で埋め尽くしてしまいます。

壁ができたら次に、可動棚（ロイヤル棚）を、棚幅を考慮して取りつけます。

使用する部材は次のとおり。

・株式会社ロイヤル
棚柱、ブラケット

収納が少なければ壁面収納を作れ

写真の物件では長さ182cmの棚柱6本、奥行き25cmのブラケット22本を使っています。棚板はOSB合板で作ったものです。

ちなみにOSB合板とは、木材を薄い削片状にしてから乾燥させ、熱硬化性接着剤とともに積層し、高温のプレス処理を経て強固な板材にしたものです。

表面は木の削片が固まった柄をしており数層の合板に

なっているので強度があり、建築物の下地材として使われることが多いのですが、この荒々しい柄を活かす形で、あえて壁紙を貼らずに飲食店や各種店舗で使われることがよくあります。

若者はこうした使われ方を良く見ていますので、自分の部屋に使うことに抵抗を持ちませんし、逆にオシャレだと気に入ってくれます。

ロイヤルを使った可動棚は、入居者が自由にレイアウトを変えられるので、棚が不要なら棚を取って壁だけにしたり、TVを置く場合、壁の下半分の棚を撤去するような自由な使い方ができます。

このリフォームの注意点は、必ず防火壁である石膏ボードの上に貼ることです。

OSB合板を黒色で塗装した部屋も作ってみたところ、荒々しさにシャープさが加わったクールな部屋になりました。

カラーページで紹介していますので、参考にしてみてください。

6 誰でもわかる差別化は照明

1）完全オリジナル照明の提案

常識からの脱却を図る

近隣に空室が多くある中で、あなたの物件の存在を目立たせて、ここに住みたいと思ってもらうためには、内見者の印象に残るような、「誰でもわかる差別化」が必要です。

そのために、オンリーワンの個性的な照明を部屋につけることはとても効果的です。

「でも、今ある照明もまだ使えるのに・・・」思う大家さんはそのまま、厳しいですが、時代の流れにのみ込まれて沈んでください。それだけ照明は重要なのです。

若い男性向けのシングル部屋で私が使っている照明を紹介します。

この照明は巻頭のカラーページと139ページでも紹介しているものですが、前回出版後に、多くの大家さんからこの照明について問合せをいただきましたので、今回は実例を元に、詳しく説明しようと思います。

●立地

札幌市内、人気の大学近く、繁華街やススキノへも行きやすい。

●客付けターゲット戦略

築25年越えの1DK（約22㎡）で、1階の日当り最低の部屋だったため、男性のサラリーマンもしくは学生をターゲットとしました。

●リフォーム戦略

昼でも暗い部屋なので、思い切って暗さを楽しめる部屋にしようと考えました。

具体的には、間接照明を活かした光の演出ができる部屋。イメージは「男の隠れ家」です。照明だけではなく、部屋全体の色合いや作りなども男性をイメージし、シャープでシックな感じに仕上げます。

●使用するアイテム
・ステンレスポール　3本
・ポール受け　6個
・ビス
・クリップライト　必要数
・コンセントユニット　3セット
・天井点検口ユニット　2セット

●照明リフォーム
このリフォームには電気主任技術者の資格が必要ですので、施工は電気業者さんに依頼しましょう。

まず、部屋についている平凡なライトを撤去し、壁の電気スイッチを確認します。

次に、天井裏に配線を引くため、配線の流れを予想しつつ、点検口を2カ所位作ります。

それができたら天井中央のシーリングソケットを撤去し、普通のコンセントに交換してもらいます。

そして、天井の中央部分の下地にステンレスポールを取りつけます。

天井中央にステンレスポールを取りつけたら、そのポールに平行して左右に1本ずつ、ステンレスポールを取りつけます。

その際、左右のステンレスポール近くに100Vコンセントを1カ所ずつ増設します。注意点は特にありません。

この指示で、業者さんは問題なくやってくれるはずです。オプションとして、3系統の配線にして、3つのスイッチでオンとオフができるようにしたり、ムードスイッチを使って調光できるようにしたりするのもいいと思います。

●照明取り付け

あとはホームセンターやネットで売っているクリップライトをステンレスポールに取りつけて、余ったコードがだらしなく垂れさがらないように、ポールにクルクルと巻き付けるだけです。

その際に、各クリップライトのコードスイッチは常にONにしておくことを忘れないようにしましょう。これでお部屋の照明が劇的に変化し、誰が見ても差別化されていることがわかります。

●結果

このお部屋は地元のＴＶ局も取材に来るほど有名になり、早期に申込が入りました。仲介スタッフたちにも好評で、業者間でも噂となったようです。

他の物件にはない照明をつけることで、一人でも多くの仲介スタッフに物件を覚えてもらうというＣＭ効果は期待以上のものでした。

物件認知度が高まったおかげで、この物件に空室が出るとすぐ、「例のリフォームはしますか？」と問合せが入ります。

今では、早いときは退去予告が入ってすぐ、通常でも原状回復工事中に成約となる人気物件となっています。

２）市販されているデザイン照明を活かす

オリジナルのライトを付けるのが大変なら、市販のデザイン性の高い照明を買って、一般的なシーリングライト（ＵＦＯ型の照明）と交換するだけでも、部屋の雰囲気をがらりと変えることができます。

どのような照明をつければいいかわからないときは、ターゲット層向けのインテリア雑誌や、モデルルームに付いている商品を見ると参考になるでしょう。

実際に購入する際には、インターネットで「お洒落　照明」と入力し検索して購入してもいいですし、イケアの商品でもいいと思います。

照明の光の色は、電球色の物を選んでください。

せっかくアクセントクロスや輸入壁紙を使っても、そこに蛍光灯の鋭い光を照射してしまうとせっかく壁紙の味である素敵なテクスチャーを殺してしまいます。

照明は多少暗めで必要な部分だけ明るい方が、部屋全体の奥行きも感じられますし、落ち着きや高級感を出すこともできます。

高級旅館やホテルでＵＦＯ型ライトや蛍光灯を使っている部屋が滅多にないのは、それ

目立つデザイン照明を導入

ダクトレールは賃貸向け

を使うと部屋のインテリアが安っぽく見える上に、滞在中、落ち着いて過ごせないからです。

ただし、電球色だけだと暗く感じてしまうため、必ずサブ照明を用意します。

サブ照明は、フロアスタンドとフロアランプです。

フロアスタンドは長い柄の先に照明が付いていて、高い位置から照らすライト。フロアランプは光源が床に近く、低い位置で照らすライトです。

天井照明、フロアスタンド、フロアランプの3つの光源があれば、入居者は自分の好み

人気の4連ライト

イケア製照明は使える！

ダクトレールをクロス配置

やシチュエーションで照明の使い方を選び、様々な雰囲気を楽しめます。

ただし、この方法はファミリー物件ではあてはまらないので注意してください。

ファミリー物件には、癒し空間より、明るく家事のしやすい環境作りと、お子様の視力低下防止のために、明るさを重視した照明を付ける方がいいでしょう。

例外として主寝室だけ、電球色のデザイン性あふれる照明を設置するのがおすすめです。

7 イケア製ブランコを設置する方法

ファミリー向けのオンリーワン物件を作るために、ブランコをつけるのはとても効果があります。

想像してみてください。小さな子供のいる子育て世代の親をターゲットにする際に、室内にブランコがあったら　どうでしょうか？　ブランコで楽しく遊んでいる我が子のイメージが膨らみ、内見の時点で「住んだ後の幸せ」を感じてくれるでしょう。その結果、申込につながりやすくなるのです。

しかし、躯体の問題やスペース上、ブランコを簡単に設置できる物件はそう多くありませんし、無理に設置して、落下事故や躯体に損傷を与える事は、絶対に避けなければなりません。

そんなときは、どうすればいいでしょう？

新築ならブランコ設置を想定し、あらかじめ下地を強化するなどの対策もとれるので問題ありませんが、難しいのは中古物件。

しかし、この問題を簡単に解決できる方法があるのです。

その方法とは、和室の押し入れ部分をキッズルーム化するというものです。

押入を潰すことになりますので、収納スペースが少ない物件ではもろ刃の剣になる可能性がありますが、一つのやり方として覚えておくといいでしょう。

具体的には、押入を潰して中段の板を撤去し、奥行き９０ｃｍ幅１８０ｃｍ程のスペースを作ります。

そして、鴨居の中央部分にブランコを取りつければ、これで前後左右約９０ｃｍの揺れ幅が確保できます。

問題は、鴨居の強度です。実際には、幼児がブランコに乗るくらいなら問題はないので

ビフォー
このままでは心配・・・

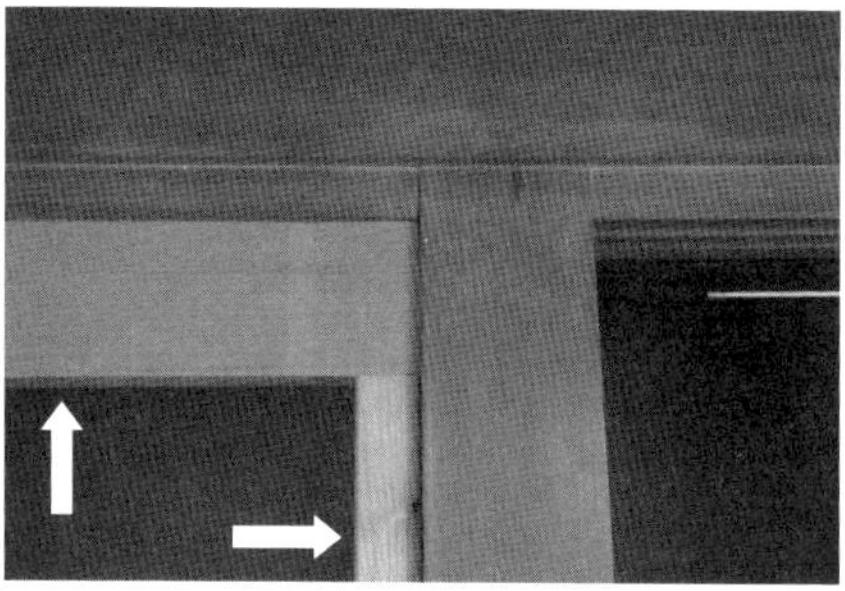

アフター
補強材を入れれば安心

すが、念のため、強度には余裕を持たせたいものです。

そこで落下事故・躯体の保全のために、鴨居を強化します。

写真はある程度の重さに耐えられるよう、普通の鴨居（ビフォー）の内側部分に角材を貼りつけたところ（アフター）です。これで鴨居が折れる事や、鴨居が下方向に反る事がなくなります。

あとは、建具を綺麗にペイントすれば完成です（完成したブランコはカラーページをご覧ください）。

ブランコ設置だけで終わりではありません。ブランコの近くにアクセントクロスを使い、小物でキッズ向けの飾り付けをすることで、そのコーナー全体をキッズルーム化する事が重要です。ブランコ単品だけでなく、全体的にコーディネートする事が大切なのです。

写真の部屋で使用したのは、次の部材です。

●使用したアイテム
・白いブランコ
・押入の天井部分には青空のクロス
・押入3面壁は花柄のクロス
・押入には蝶のウォールステッカー
・ブランコの下に子供向けラグ（草原柄）
・洋室の大壁にアクセントクロス
・建具は白色
・床はホワイトウッドフローリング柄のCF

●使用クロス
・壁面（大）　シンコール　BA3295
・ブランコスペース　シンコール　BA3259

・ブランコスペース天井　リリカラ　ＬＬ－３２３９

●注意点

青空クロスを天井に貼るときは、天井用の壁紙を使うことが大切です。

一見ただの雲柄ですが、よく見ると壁面用クロスには、雲の下に影ができています。対して、天井用のクロスにはそれがありません。

そのため、壁面用の青空クロスを天井に貼ると、違和感が出てしまいます。

また、ブランコは一つ間違うと危険な遊具ですので、契約時には、

・ブランコで怪我をしても大家には一切責任を問わない。

・体重２５ｋｇ以上の者は利用しない。

・ブランコを利用して得た損害などは契約者が全て負う物とする。

・前の条件に同意できない場合はブランコを設備から外し、取り外した際の家賃引き下げは発生しない。

などの特約を入れる事を強くおすすめします。

8 ローコスト浴室リフォーム法

一般的な賃貸物件のユニットバスは統一規格で作られており、ほとんどの物件で低価格な製品が選ばれているため、浴室はどの物件も似たり寄ったりといった感じです。

それだけに、ちょっと手を入れるだけで、大きな差別化につながります。

しかし、水周りをいじるのはお金がかかりそうで、多くのオーナーは浴室のリフォームに消極的です。

ここを劇的に変えることができたら・・・

それも低価格で！

必ずや、入居付けに大きな威力を発揮するはずです。


作業は壁一面にアクセントとしてシートを施工し、ワイドミラーを導入するだけという簡単なものです。費用は築浅物件なら数万円、作業日数も1～2日と短期間で終える事ができます（築古物件でもユニットバスを使っていれば同程度です）。

写真は平凡な木造アパートの浴室ですが、こんなに劇的に変化させる事ができます（完成形はカラーページの画像も参照してください）。

●使用する部材
・3M　ダイノックシート
・浴室の幅にカットしたワイドミラー

簡単に不人気3点ユニットも再生

賃貸という概念を低価格で変える

近所にライバル物件が多い場合、強力な差別化が必要となります。

そんなとき、周辺のライバル物件が手をいれていない浴室を**劇的にリメイク**して高級感を打ち出せば、あなたの物件が**情報の山の頂上**に躍り出ることも夢ではなくなるのです。

9 不人気和室のリフォームは洋室風でもOK♪

入居者に不人気な設備のひとつに「畳」、つまり和室があります。

和室でもオシャレで高級感があればいいのですが、普通の和室ではまったく相手にされません。

今後もその流れは止まらないでしょう。しかし、洋室にするには多額のコストがかかるため、完全に洋室化することは簡単ではありません。

そこで、苦難に立たされている和室を持つ大家さんに向けて、低価格で和室を「洋室風」にする方法を紹介します。

「洋室風」で大丈夫なの？　と思う方もいるかもしれませんが、実際に大変好評ですので、試してみる事を強くおすすめします。

お客にワクワク感を与えよう！

やり方ですが、まずは畳を撤去します。次に根太（ネタ）をひき、襖と床に段差ができないように床面を調整しながらコンパネを貼ります。

次に、床にホワイトウッドフローリングのクッションフロア（ＣＦ）を貼ります。ＣＦを使うのは、本当のフローリングに比べて低費用で済むからです。

次に、一面の壁にアクセントクロスとして、薄い単色の１０００番クロスを貼り、他の3面の壁と天井には５００番の白クロスを貼ります。

ポイントはここからです。

和室に必ずある押入の襖をどうするか？

私はこの襖に国産の本棚柄の壁紙を貼ることで、部屋の雰囲気を一気にモダンにすることに成功しました。

本棚を開くと裏は秘密の収納スペースになっているなんて、ワクワクしますよね。

●使用する壁紙
トキワ　ＴＷＰ－７６６９

●注意点
クロスの棚板と同じ色で**襖枠の木部を塗装する**と、さらに本棚らしさがアップします。クロスのロッドによって微妙に色が違うので、ペンキ職人さんに色見本帳で番号で指示するのではなく、ペンキ職人さんに現地で色作りをしてもらうことをおすすめします。

また、建具は（敷居や廻り縁などの木部）は黒色で塗りつぶすと良いでしょう。

もともと、本棚クロスがシックなイメージですので、黒色を多様することで部屋全体をシャープにまとめる事ができます。

カラーページにビフォー・アフター画像を載せましたので、参考にしてみてください。

10 飼い主の気持ちを鷲つかみのペット可物件の見せ方

空室対策の代表的なものに、「仕方なくペット可物件にする・・・」というものがあります。しかし、ペット可物件はすでに多く出回っているため、建物自体が何も差別化されていなければ、内見者を増やすことはできません。

新しいペット可物件の中には、共用部にペットの足荒い用の流しや、エレベーターにペット同乗中の表示があるなど、様々な工夫が凝らされています。

既存のどこにでもある物件に、「ペット飼育可」という条件をつけただけでは、ペット可物件の増えている今、まったく差別化にはならないのです。

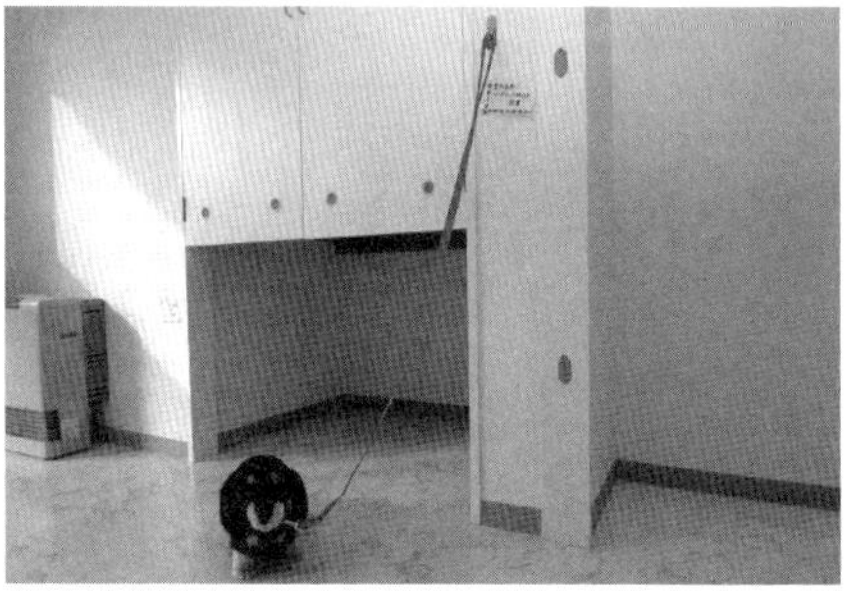
飼い主の心に響く内見を演出

だからといってコストをかけて新たに設備を導入するのもナンセンスです。
では、どうしたらコストをかけずに入居促進できるのか？
そのためには、ぬいぐるみを使い、飼い主の心に響く内見を演出するのが効果的です。写真のように動物のぬいぐるみを置くことで、住んだ時のイメージを飼い主（入居者）にイメージしてもらうのです。
合わせて、室内のアピールポイントをポップ等で説明し、物件の近くにある獣医やペットショップ、散歩しやすい公園などの地域情報をマップ化し室内に設置します。

●必要アイテム
・リードフックホルダー　数個
・実物大のぬいぐるみ
・首輪とリードフック（100円ショップのもので良い）

●リードフックホルダー設置
リードフックホルダーとは、ペットのリード（ヒモ）をひっかけておいて、ペットを一時的につないでおくための小さな金具です。

玄関（靴の履き脱ぎを邪魔されないため）、お風呂のドア近く（飼い主が見えなくて不安がらないように）、キッチン使用中につないでおく場所（火傷防止のため）などに、リードフックホルダーを取り付け、それらの場所にリードにつないだぬいぐるみを置いておきます。

リードフックホルダーはペット専用のデザイン性が高い物は高価ですので、安くて返しが付いているものをホームセンターで仕入れてコストを抑えるといいでしょう。

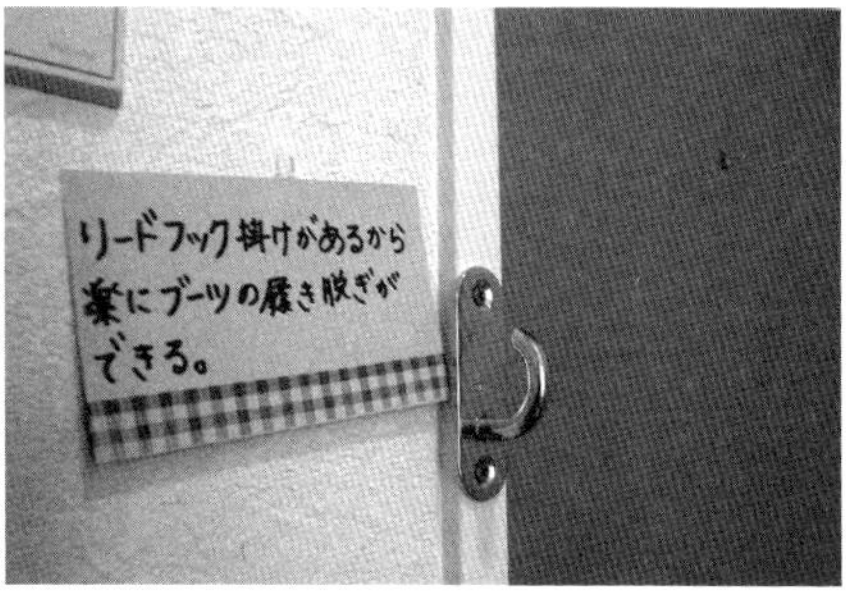

ポップで快適性をPR

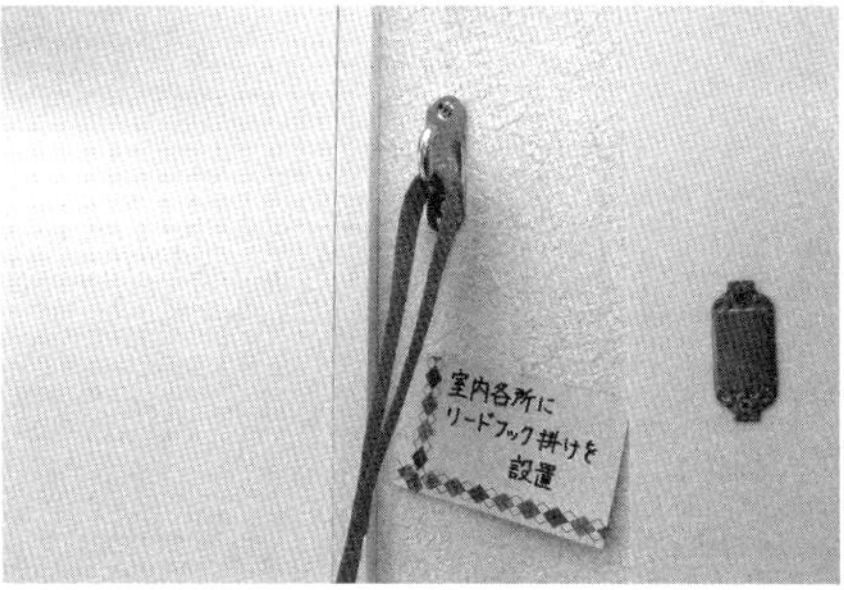

飼い主の気持ちになろう

設置する高さは、小型犬を想定して110～130cm程度とします。

いかがでしょう？

何の工夫もされていない「ペット飼育可物件」と、限られた予算の中でも、ペットと飼い主のためのおもてなしの心を感じさせる部屋。

入居見込み者がどちらの物件を選ぶかは、明白ではないでしょうか。

第1章

地方でのアパート経営に勝ち目はないのか？

1

地方投資が「危ない」と言われる10の理由

不動産投資で「常識」とされることの一つに、地方投資や遠方投資（自分の住む場所と離れた場所に物件を持つこと）はリスクが高いというものがあります。

その理由としては、次のようなものがあげられます。

1）人口が少ない
2）今後も人口減少が進む可能性が高い
3）地方経済の疲弊
4）土地勘のなさ（賃貸需要の弱い場所に物件を買ってしまうリスク）
5）地域性の欠如（地域の特性を知らず、需要とズレた物件を買ってしまうリスク）
6）不適切な物件管理（目が行き届かずに物件が荒れるリスク）
7）不適切な物件メンテナンス（物件を頻繁に見られないことで適正なメンテナンスを怠るリスク）

8）不適切なリフォーム（地元の相場がわからず必要以上の代金を支払ってしまうリスク）
9）客付けが困難（空室時の客付営業を自分でできないリスク）
10）地元の業者にカモにされる（広告費等の名目で本来なら不要な経費がかかるリスク）

この他にも、金融機関の評価が低く融資がつきにくいなど、地方投資、遠方投資のマイナス点は、いくつもあります。

実際に、地方に物件を持っている大家さんから、「一度空くとなかなか埋まらない」「家賃の下落が激しい」「今はよくても、このまま順調に運営できるか心配」という声を聞くことは、珍しくありません。

実をいうと、私も東京に住みながら札幌の物件を運営していた頃は、いつも胸に不安を抱えていました。（今思うと、初めての不動産投資で、自宅からかなり離れた場所に借金してアパートを買うなんて、我ながら、ずいぶんと無茶なことをしたものです）。

しかし、私はこれらのリスクを踏まえた上でも、「地方投資は辞めた方がいい」とは思いません。

私の札幌のアパートはここ数年、入居率95％以上を保っていますし、新築時から11年間の家賃下落率は、わずか２・６％だからです。

2
利回りを求めれば地方にたどりつく

先程は地方投資のデメリットに触れましたが、当然、デメリットの反対側にはメリットもあります。

地方物件の一番のメリット、それは利回りの高さです。

東京都内では、借地や再建築不可といったワケあり物件を除き、利回り10％以内の一棟アパートを見つけるのは困難です。

しかし、地方なら利回り10％どころか、15％以上のものも珍しくありません。

その理由は、土地の安さです。

東京にある坪１００万円の場所に建つワンルームと、地方にある坪20万円の場所に建つワンルームでは、土地代に5倍の差があります。

しかし、家賃も5倍違うかというと、そんなことはありません。東京のワンルームが7万円なのに対して、地方のワンルームが3万円くらいでしょう。

そう考えると、土地の安い地方にある収益物件の方が、利回りが高くなるのは当然です。そして、不動産投資をする上で、利回りは高い方がいいのは言うまでもありません。

また、少し話がズレるかもしれませんが、私は地方の物件のメリットとして、自然の豊富さ、空気の美味しさも欠かせないと思っています。

普段は都会の排気ガスの中で暮らしている人が、ときどき地方にあるアパートを見に出かけることで、心身ともにリフレッシュできれば、そこにはお金以上の価値があると思うのです（それだけを目的に地方のアパートを買うというのは違うと思いますが）。

東京に住んでいた私が札幌にアパートを買ったのも、「札幌が大好きだから」という理由でした。当時は、札幌に行くたびにウキウキしましたし、札幌に不動産を持っているということが、生活のいいアクセントになっていました。

3

地方の部屋を埋める5つの条件

入居者に選ばれる部屋には、大きく分けて5つの条件があります。

1）管理が行き届いている
2）物件に売り（強み）がある、差別化できている
3）適正な家賃設定
4）業者間での物件認知度が高い
5）大家が経営に参加している

この5つの基本条件を満たしていない物件は、どんな場所にあっても決まりません。逆にいうと、この基本さえ抑えていれば、まったく需要のない場所以外にある大部分の物件は埋まるのです。

私のアパートがある札幌は、日本屈指の激戦区と言われていますが、私の物件は数年に

渡り、高い入居率を維持しています。

その理由は、周囲にこの5つの基本条件を満たしていない大家さんが、多いからです。

何も勉強していない大家さんや、管理会社にすべてをまかせっきりの昔ながらの大家さんには、考え方や取り組みが、今の賃貸市場と乖離してしまっているケースが多く見られます。

現在の賃貸市場では、大家は大家業（サービス業）の一経営者であるという認識を持って経営にあたらなければ、勝ち残ることはできません。

そこで基本となるのが、先ほどの5つの条件なのです。

まず、1の「管理が行き届いている」ことは、基本中の基本です。

誰だって、いつ見ても共用部が汚れているマンションに、高い家賃と管理費を払って住みたくはないはずです。

2の「物件に売り（強み）がある、差別化できている」ことも重要です。

多くの地方で、物件は供給過多にあります。

その中で、周りの物件と同じ仕様や同じ間取りの「どんぐりの背くらべ」をしているようでは、勝ち残ることはできません。

中古物件でも、リフォーム等でアピールポイントを作ることは可能です。そのための努力を惜しんでいるようでは、値下げ競争に巻き込まれることになってしまいます。

3の「適正な家賃設定」については、客付け営業マンと連携をはかりながら、ベストな価格を決めていく必要があります。どんなにいい部屋を作っても、部屋の価値に対して入居者が「高すぎる」と思えば、いつまでも空室のままです。

地方では、得られる家賃の上限が決まっています。入居者が支払える家賃から逆算して、募集前にどこまでお金をかけられるかを決めた上で、前述のアピールポイントを設定することを心がけなければいけません。

4の「業者間での物件認知度が高い」ことも、欠かせないポイントです。

どんなに素敵にリフォームをしても、宣伝をしなければ入居希望者に見てもらうことができず、何の意味もありません。

多くの大家さんが、「せっかくリフォームをしたのに決まらない。埋まらない」と不満をもらしています。その理由は簡単。ＰＲ不足だからです。

逆に言うと、差別化できた魅力的な物件を持っている大家さんは、完成した部屋をできるだけ多くの仲介店舗スタッフに宣伝すれば、短期間で入居が決まるでしょう。

5の「大家が経営に参加している」ことは、この中で特に大切な項目といえます。

大家さんが真剣な姿勢で経営に参加しなければ、空室はなかなか埋まりません。

大家業は、会社経営と同じです。

社長がいい加減な経営をすれば、周りの協力は得られません。「月末に通帳記帳するだけが大家の仕事」と考えているようでは、先が思いやられます。

自宅から遠い場所に物件を持つ大家さんも、例外ではありません。

「遠いから仕方ない」「現地の業者を知らない」「管理は管理会社に任せているから」

そんな風に、「大家業をやらない理由」を並べて、問題を先延ばしにする大家さんによく出会います。

しかし、その一方には、見事な経営手腕を発揮し、本州に住みながら札幌の物件を高稼働経営している遠方大家さんがたくさんいます。

問題は「遠い」「近い」ではなく、「やるか」「やらないか」です。いつまでも他人任せで言い訳ばかり。これでは経営は成り立ちません。

4 不動産投資に何を求めるのか？

あなたは不動産投資に何を求めますか？

老後の安心？　セミリタイア？　不動産を持つという満足感？　経済的自由？　自由な時間？　一体なんでしょう？

きっと、お金が原因で不自由を強いられることのないレベルの生活基盤を作り、老後も安心して家族で暮らしていくために、不動産投資を始めたのではないでしょうか？

私も、そんな気持ちでした。

「愛する家族とお金の心配をせずに充実した生活を送り、老後も経済的に不安のない人生を手に入れたい」

そんなことを夢見て、札幌のアパートを買いました。

不動産投資を始めて11年目の今、その目標は少しずつ、そして着実に叶いつつあることを実感しています。


次の章以降で詳しく述べますが、その途中には苦労もありました。

しかし、問題から逃げずに立ち向かっていったことで、不安の種は消えてしまいました。

今ではこの先も、不動産で収入を得ていけるという自信があります。


不動産投資には、リスクがあります。地方投資、遠方投資ならなおさらです。

しかし、この本で紹介することを理解し、実行していただければ、物件への距離に関わらず、不動産投資は大家とその家族の人生を豊かに、自由にしてくれます。

くじけそうになったら、「なぜ自分は、不動産投資を始めたのか?」に立ち戻りましょう。

そのことをいつも胸に置くことで、言い訳は消え、やるべきことが見えてくるはずです。

第2章

私が激戦区にアパートを買った理由

この章では、私が東京に住みながら札幌にアパートを買い、その後、札幌に移住するにいたった経緯を紹介します。

皆さんのやる気につなげていただければと思います。

1 福島の田舎町から東京へ

実は、私の家系は地元でも有名な資産家で、父は市議会議員、兄は弁護士・・・。

と、さり気なく自慢の一つもしてみたいのですが、そういうことは一切ありません。

私が育った家庭はとんでもない貧乏家庭で、貧乏自慢なら誰にも負けない自信があります！

そんな境遇でしたので、高校を卒業したら就職するのが当然。「大学進学」というステキな選択肢は、小学校の頃から私の胸の内に封印されていました。
ですから、最終学歴は脅威？　の就職率99％の公立高校（笑）
町に1校だけの高校が就職率99％ということは、高校を卒業したら両親の負担を減らすべく就職するのが町のトレンドだったのでしょう。

今考えると凄い町です・・・。


その町は何処にあるかというと、福島県にありました。

JRは単線で1時間に1本、映画館もデパートもマクドナルドもケンタッキーもなく、コンビニエンスストアのセブンイレブンができた時は、町中が盛り上がり長い行列ができたというすさまじい田舎でした。

私はこんなのどかな町から出たくて出たくて、卒業後は電車で上野に集団就職をしました（笑）

就職先は、日本最大の警備会社。

ここでは、セキュリティーの勉強、巡回の仕方、危機回避、応用力、臨機応変に動く機動性、不眠不休で勤務する忍耐力、機械警備機器の仕組みと工事方法、そして消防法などたくさんの勉強をさせてもらいました。

しかし、私は就職したときに、25歳で会社を辞めることを決めていたのです。

そして計画通り、25歳の誕生日に辞表を提出しました。

そのときの全財産はわずかに30万円。まったく、無計画な自分が情けなくなります（涙）。

わずかな所持金に命をかけた、無謀な第2の人生のスタートでした。

2 拾った雑誌がきっかけで起業を決意

自由の身になったのはいいものの、気ままな日々を謳歌したのはたったの3日間。

4日目からはこれから先どうなるのだろうと考えるようになり、5日目になると今後の生活が不安でいてもたってもいられなくなりました（我ながら本当にバカです）。

そんなとき、電車の中で拾った週刊誌の記事に、私の眼は釘づけになりました。

「インターネットが世界を変える！」というその特集の中に、「パソコン1台で起業できる」と書いてあるではないですか！


読んだ瞬間「あっ、これだ！」と、頭の中に稲妻が走りました。

思い立ったら即行動の私。

「お金がないから、まずはお金を貯めて、それから行動しよう！」とは思いません。（学がないので、自然に体が動きます）。お金がないなら創意工夫で乗り切るまでです。

狙いは当時、はやりはじめていたＨＰ（ホームページ）作成サービスです。

しかし、肝心のＨＰ作成ソフトを購入するお金がないので、『インターネットマガジン（約８００円）』という雑誌の付録のＣＤ－ＲＯＭに入っていた「ＨＰ作成ソフト体験版」を使い、独学でＨＰ作成をマスターしました。

そして、近所の商店街に「ホームページはいらんかぇ〜♪」と毎日営業をして回る生活が始まりました。

それから数年。気が付くと、このＨＰ作成運営会社は、３ＤＫのマンション一室を本社に、社員２人、パート３人で年商１億円を売り上げる企業に成長していました。

いやー、人生ってわからないものですね。そして、面白いものですね。

私が32歳のときのことです。

3

大好きな「北の国から」の地に住みたい

話題は変わりますが、私、札幌が好きなのです。いや、北海道が大好きなのです。北海道を意識したのは中学生の時に『北の国から　初恋』というドラマに出演されていた横山めぐみさんを見てからです。めちゃめちゃ可愛くて、一目でファンになりました。そのドラマの舞台が北海道の富良野市だったことが、北海道に興味を持ったきっかけです。

当時の憧れは、その頃乗っていた400ccバイクで北海道へツーリングに行くこと。貧乏でなかなかその願いは叶いませんでしたが、1999年に会社の経営が安定したタイミングで、とうとう聖地・北海道を1周する旅を実現しました。とにかく北海道の全てが好きだったので、翌年もツーリングを敢行しました。

それでも物足りず、数年後には稚内～釧路のオホーツク海と太平洋側を、何週間もかけてテクテクと歩く野宿旅に出かけました。

旅の目的は、北海道の素晴らしさを五感で感じる事ですから、どんなに疲れてもヒッチハイクはしません。

バックパックにテントやコンロや食糧等の人間一人が生きて行ける最低限の道具を詰め混み、親指を立てる代わりに、親からもらった2本の足を使って、1日20～30キロをひたすら歩いたのです。

日が暮れれば空き地でキャンプ、翌日が晴れなら歩き出し、雨が降ったら連泊です。

旅の途中で農家の人や漁師さんと出会い、「うちで飯、食ってけ」と、地元ならではの新鮮な野菜や魚をたっぷりとご馳走になったこともしばしばでした。

時速3キロのゆったりとした時間が流れる徒歩の旅を通じて、人の情と北海道の雄大さを全身で感じたことで、私の北海道への愛はますます深まりました。

そして私は、いつしか北海道に住みたいと考えるようになったのです。

しかし、どんなに北海道が好きでも、そこで生きていくとなると、生活のためのお金が必要になります。

会社は東京ですし、そう簡単には移り住めません。当時は、ノマドなんて言葉もありませんでした。

何とか方法はないかと思案を重ねて出会ったのが、不動産投資でした。

たまたま書店で手にした『金持ち父さん　貧乏父さん』の中に、不動産を購入してお金持ちになる秘術が記されていたのです。

読んだ瞬間「あっ、これだ！」と、頭の中に稲妻が走りました。

まずは東京に住みながら札幌のアパートを買って、家賃収入を稼ぐことを目標にしよう。1棟目が順調に運営できたら、札幌のアパートを買い増しして、将来的には、アパートの家賃だけで生活できることを目指そう。

それができたら、いずれは東京を離れて札幌で大家として暮らしていけるはずだ。

そんなストーリーが頭に浮かびました。

そして、本を読み終わる頃には、「試しに1棟購入する」ことを決めていました。

4 新築アパートを購入して念願の大家デビュー

アパートを買うといっても、知識はゼロ。

そこで、当時はまだ珍しかった不動産投資の勉強会「エクシード」に入会して情報を集めながら、札幌にアパートを買うための準備を進めました。

そして、札幌の不動産会社が企画した新築の木造アパートに目をつけて買い付けを入れたわけです。


ところが、いざアパートを購入する段階になり、問題が発生しました。

借金をする際の保証人がいないのです。

愛する妻に頼んでみると、静かに目をそらされました。

親兄弟にも、「不動産投資なんてアホか！」「自分の家もないくせに！」とことごとく断られ、一時はあきらめムードも漂いました。

ところが、偶然受けた不動産セミナーの「法人買いのススメ」で目からウロコ。

聞いた瞬間、「あっ、これだ！」と、頭の中に稲妻が走りました。

しかし、すでにあるＨＰ作成運営会社を使うわけにはいきません。私には社長として、社員を守る責任があり、彼らの生活の為にも無謀な投資はできないのです。

そこで、新規に不動産運用会社を設立することにしました。

それからは、法人に物件を購入させ、私が連帯保証人になるというスタンスで、アパートを買い増していきました。

5　空室の恐怖から早めの移住を決意

大好きな札幌にアパートを購入できて、経営も順風満帆！　のはずでしたが、４棟目を買った頃から、札幌の不動産市況がもの凄いスピードで悪化し始めました。

不動産投資先としての札幌エリアの人気上昇、ファンド物件の乱立、道内の景気低迷、供給過多による家賃の下落と広告費の高騰・・・。

様々な理由が重なり、利回りは下がる一方です。

一度空室が出ると、家賃を下げなければ埋まりません。それだけでなく、仲介会社からは客付のたびに数ヶ月分の広告費を求められるようになりました。

当時の私は東京からの遠隔地投資だったため、物件に目が届かず、札幌の現状や現地の空気感が読めませんでした。

空室を埋めるには、地元業者の提案に従うしかないと思いこんでいました。

業者の提案とは、無難なリフォームをして、家賃を下げて募集し、決まったら高い広告費を支払うというものです。

こんなやり方では、新築物件が近くにできるたびに、決まり難くなることは目に見えています。しかし、私はそれでも「仕方がない」と考えていました。

32戸のうち6戸が空室になったある日、私はアパートの販売会社と同じ系列の管理会社の営業マンと、次のような会話をしました。

営業「山岡さん、隣の物件は広告費3ヶ月ですから、同じレベルにしないと勝てません。

それに、山岡さんの物件は木造ですから、ＲＣマンションより安くしないと話にならないですよ。知ってます？　最近、山岡さんのアパートの近くにできた新築ＲＣマンションは、山岡さんの物件より家賃が安いんですよ」

私「えぇ～っ！　そんなに安いんですか？　でもうちは、そんなに下げられませんよ」

営業「でも、空室にしておくよりマシじゃないですか。このまま数ヶ月空くより、安くても埋めた方が絶対に良いですよ」

私「確かにそうですけど・・・」

営業「必ず、今月中に決めさせますから」

私「そうですか・・・。それなら、『広告費３ヶ月・家賃４０００円引き』の案でお願いします」

その場ではおとなしく相手の提案を受け入れましたが、腹の中では、

「アパートを売るときには、広告費がかかることも、数年で家賃が下落することも言っていなかったじゃないか！　こんなんじゃ、収支計画書なんて意味がないぞ！　借金もあるのに、この先、どうするんだーー！　ウソつきーっ！」

と怒りまくっていました。

しかし、全て後の祭りです。

悪いのは、そのようなリスクを考えずに購入したアホな私。市場の変化を彼らのせいにしても仕方がありません。

とは言いつつも、「投資は自己責任。他人を責めてはいけないよね」という表向きの表現とは裏腹に、気持ちはすっきりしませんでした。（器が小さすぎます）。

今思うと、あの時は6戸もの空室が出たことで精神的に追い詰められていましたね。別の部屋で退去があれば、また過度な広告費、家賃の値引き要求をされるのですから、本当ならあんな提案をすんなり受け入れてはいけなかったのです。

あのような状態が続けば、不動産投資の体力である収益が上がらず、大家が経済的に弱体化していくのは目に見えています。

また、多額な広告費を支払えば仲介営業マンはお客さんを連れてきてはくれますが、それが優良入居者とは限りません。

営業マンの中には、誰でもいいからとにかく決めて、利益を確保しようという輩もいます。

実際に、過去には入居の喜びもつかの間、すぐに家賃滞納や夜逃げなどのトラブルが発生し、「入居促進コスト＋収益減」というWパンチで散々な目にあったこともありました。

このままでは、夢の札幌移住が不幸な結末を迎えることは目に見えていました。

こうなったら、もう、人任せにしていられません！

２００７年の夏、私は思いきって札幌への移住計画を前倒しすることを決めました。

経営する会社をどうしようかと考えていると、たまたま手にしたホリエモンの本に、「会社を売買する話」が書かれていました。

読んだ瞬間「あっ、これだ！」と、頭の中に稲妻が走りました。

「法人って売買できるのかっ！」と生れて初めて知りました。本当に大バカ者です。

さっそく半信半疑でM＆Aのチームを組織し売却へ向け活動を開始した所、約1年で売却することができました。

移住するとすぐに、東京の勉強会や書籍で学んだ満室ノウハウを、自分のアパートに実践していきました。

すると、空室は減り、家賃は上がりました。入居者の入れ替えが多かった年は、利回りが新築時の数字を上回りました。

そうして私は、史上最大のピンチを脱することができたのです。

「やり方次第で、激戦区でも十分に勝ち残ることができる」

「管理会社に任せていたらダメだ。大家が自分で動かなければ！」

「何があっても、北海道はやっぱり最高だ♪」

私は自分が実践派大家になったことで、「意外と満室経営って楽勝じゃないか♪」と感じるようになり、この先も大家としてやっていけるという確信を得たのです。

第3章

移住してわかった「遠方大家」の隠れたリスク

1

日本一の激戦区・札幌のアパート経営の現実

第2章で触れたように、札幌の賃貸市場は、2004年頃から一気に厳しくなりました。

住宅・土地統計調査（5年ごと）の統計によれば、2008年時点で、札幌市内には1万戸以上の空室があり、全体の空室率も20％以上となっています。

http://www.stat.go.jp/data/jyutaku/2008/index.htm

次回の情報公開は2013年度ですが、さらに悪い統計が出ることは容易に予想できます。

また、これまで右肩上がりだった人口も2015年をピークに徐々に減少すると予想され（国立社会保障・人口問題研究所データ）ています。

大家にとって嬉しいニュースはひとつも見当たりません。

ここまで読んで、「自分は札幌には物件を持っていないから関係ない」と思った方もいるでしょう。しかし、決して他人事ではありません。

日本は2007年をピークに、人口減少時代に突入しています。

それにも関わらず、地方に行くと、新築のアパートがどんどん建てられている現場を目にします。人口が減り、空室が増えているところに、新しい物件が造られれば、需給バランスがさらに崩れるのは明らかです。

「激戦区・札幌」のシビアな状況は特別なことではなく、今後、日本中のあちこちの地方都市で起こり得る「いつか来る未来」なのです。

他人ごとと思わず、「自分の物件のある街もいずれはこうなるかもしれない」という気持ちで、今のうちから対策を講じてほしいと思います。


さて、ここで少し、地元民から見た札幌の空気感をお伝えします。

人口動態や住宅土地統計調査などの「数字データ」は札幌市のHPにて最新のデータを参照してもらうとして、ここでは、賃貸市場のデータを主に見ていきたいと思います。

次のデータは、ホームズの調査による札幌市内の賃貸物件の空室率です。

《賃貸物件の空室率について》２０１２年ホームズ調べ

中央区　２２・８％
北　区　１９・９％
東　区　２１・１％
白石区　２７・１％
豊平区　２３・３％
南　区　１９・９％
西　区　１６・６％
厚別区　１２・９％
手稲区　１９・８％
清田区　１８・９％

区により多少のばらつきがありますが、平均すると空室率が20％台という厳しい状況がわかります。

1）地元民しか知らない「死のゾーン」

特に目を引くのが、白石区の27・1%という数字です。実は、札幌市や江別市には、地元大家さんが「死のゾーン」と言って恐れるエリアがあります。

このゾーンに行くと、激安価格でアパートの入居者を募集する捨て看板が目立ちます。ライバル物件の正面の電柱に捨て看板を設置し、入居者の引き抜きを促す攻撃型大家さんが増えているのです。

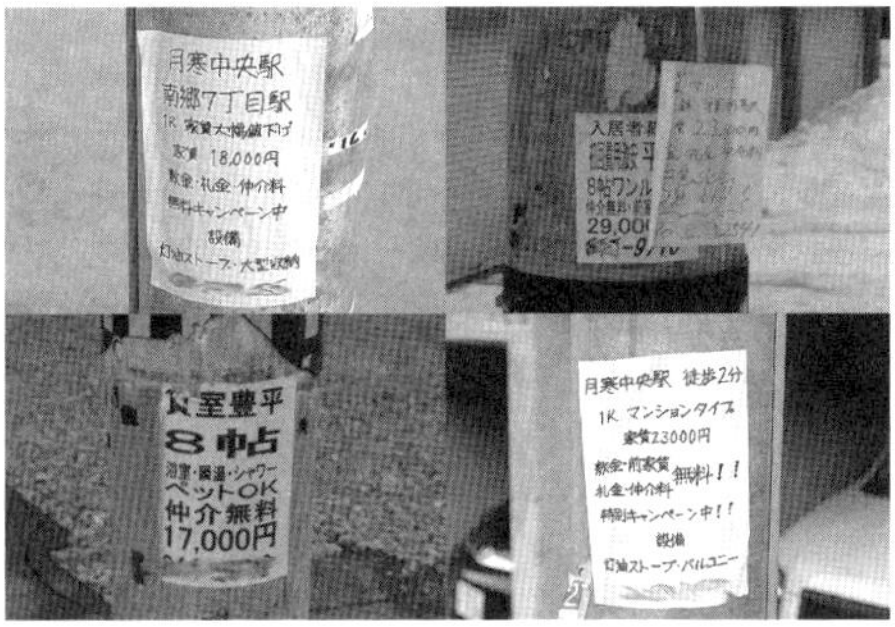

あるエリアに入った途端に多くなる捨て看板

なぜ、違法行為である捨て看板を使うのかというと、高騰する広告費を避けるためです。

自分自身の手で入居者を見つければ、広告費は不要。そのために、手間をかけて大家さんたちは捨て看板を作ります。

実際、捨て看板広告は、ある程度の効果は期待できるようですが、そのようなやり方で契約した入居者は、もっと安い部屋が見つかれば迷わず退去して行きます。定着率までを考慮すると、効果の程は疑問です。

このようなエリアに物件を持つことは、よほど大家スキルが高いか、物件力が強くなければ避けた方が賢明でしょう。

地元大家さんでもてこずるのですから、遠方大家さんはなおさらです。

地方には、家賃さえ下げれば埋まる東京とは違い、「何をしても埋まらない」地域が存在します。

「掘り出し物」を見つけた時は、そのエリアが「死のゾーン」に該当していないかどうかを、インターネットや現地の大家仲間を通じて、必ずチェックしてください。

2）地元の不人気物件が遠方大家に買われていく

かつての私のように、東京等の本州に住みながら、札幌に物件を購入する大家さんは、今でも多くいらっしゃいます。

そこで目立つのが、札幌に土地勘のない遠方大家さんが、本州の感覚で物件を盲目的に購入していく様子です。

地元でも有名なやり手大家さんが手放した物件を、遠方大家さんが購入したと聞いて、複雑な気持ちになることもあります。

その物件を紹介してくれた不動産会社の担当者は、売るのが仕事です。

「何をやっても埋まらないから、まだ物件が新しくて買い手が付きやすいうちに売ることにしたよ」

と売主さんが言っていたとしても、売却理由を尋ねれば、「資産整理だそうですよ」という答えが返ってくるだけです。


このような場面で一番参考になるのは、**その物件に客付けをする人間、管理する人間（他管理会社）の言葉**。つまり、買った後に大家と一緒に苦労することになる人の意見です。しかし、「条件のいい物件だ」と思うと、一刻も早く自分のものにしたくなるものです。しかし、買付を入れる前に、中立的な立場の人にヒアリングすることだけは、怠ってはいけません。

2 その地域の特性を知らず「買ってはいけない物件」を買う人たち

地方には、その地方に住む人にしかわからない物件へのニーズがあります。

それを知らずにズレた物件を買ってしまうと、あとで苦労することになります。

また、札幌なら雪への対策など、その地域特有の知識や情報も仕入れておく必要があります。

購入前に、他の地域とは違う特徴があるか、ある場合にはそのための経費はかかるのかについて、しっかりと調査しましょう。

ここでは、札幌に物件を買うときの注意点を紹介します。

1）除雪と排雪費

北国に物件を買うときに、除雪費と排雪費のことを忘れてはいけません。（ロードヒーティング物件は除く）
まず、除雪と排雪の違いは、次のようなものです。
・除雪：歩行しやすいように雪を空きスペースに移動させること
・排雪：集めた雪をトラックなどで雪捨て場に捨てること
このふたつの経費は、意外とバカになりません。

10台分の駐車場を持つ知り合いの大家さんは、冬季の売り上げは全て除排雪費に消えるそうです。

この大家さんは「シーズン契約」で、積雪が10センチ以上になると自動的に除雪業者に出動してもらい、除排雪してもらう契約を結んでいます。

降雪が多く、何度出動する事になっても定額料金であるため、追加費用は発生しないのですが、シーズン契約費そのものが数十万円かかります。

また、駐車場に空き雪置き場としてのスペースがない場合は、毎回排雪する必要があるので費用はさらに高くなります。

札幌の売り物件情報には除排雪費を計上して利回り計算している案件は少ないので気をつけましょう。

2）除雪効率を考えた物件選別を

札幌に物件を買うなら、除雪のルールは絶対に知っておく必要があります。

札幌市の除雪のルールは、次のようになっています（2012年現在）。

・道路幅8m以上の道路は、市の費用で除雪
・道路幅8m未満の道路は地域と市の双方の費用で除雪

道路幅８ｍ以上の道は除雪も排雪も市の予算で行ってくれます。つまり物件前の雪は市が除雪してくれるのでとても楽です。

８ｍに満たない道路でも除雪はしてくれますが、除雪頻度が低くなりますので、物件購入の際には、「南向き、道路幅８ｍ以上」を考慮するといいでしょう。

ちなみに私の物件ですが、８ｍ以上の道路に面している物件の場合、車道に沿って常に除雪されますし、同時に歩道も除雪されるので除雪業者を呼ぶ必要は全くありません。

一方、通りから1本奥に入った物件になると、市の除雪と排雪が極端に少なくなり、駐車場への車両の出入りが困難になることも珍しくなくなります。そのため、毎冬ごとに様子を見て、必要な時は業者さんへ除排雪の依頼をしています。

3）雪国特有の雪庇（せっぴ）に注意

雪庇とは屋根の上に積もった雪が、風に吹かれてできる雪の塊の事です。放置すると次第に大きくなり、いずれは雪の重みに負けて崩落するまで成長を続けます。

巨大化した雪庇が落ちて、歩行者や車両に当たったら大変です。安全を確保するためには、定期的に雪庇落としをする必要があります。

雪庇落としを依頼する場合は有料ですから、雪国では「冬季コスト」として見込んでおくことが大切です。

物件規模や建物の高さにもよりますが、雪庇落とし料金と排雪費は、1回通常1万円以上かかります。

張り出した雪庇
（雪ではなく氷なので危険）

4）外廊下の物件は冬場が大変

本州のアパートは大抵が外階段です。しかし、そのままの感覚で札幌に外階段・外廊下の物件を購入すると、冬場に大変なことになります。

雪が降るたびに、外廊下や外階段といった共用部に雪が積もってしまうのです。

入居者は自発的に、除雪してくれません。そのため、積もった雪は踏み固められていきます。

こうなると、階段ステップは雪ではなく氷で覆われて大変不安定な状態になり、昇り降りにも大変気をつかいます。

これは、地元民ならもちろん知っていることです。

仲介スタッフの話によれば、「外階段物件を冬季に案内することは滅多にない」そうです。

彼らからすると、お客様を連れて行っても階段の惨状を目のあたりにすると契約まで行かないので、初めから紹介しないのです。内見に行く場合にも、あて馬物件として使われるだけでしょう。

雪の下は氷で大変滑りやすい

すでに外階段物件を持っているという大家さんは、冬季間の除雪を徹底することをおすすめします。

写真のように、階段が雪だらけの物件に、住み続けたい入居者はいません。

ドレンが詰まるとすが漏れの原因に

5) 冬を迎える前にダクトドレンの清掃を確実に行う

ダクトドレンの清掃と状態確認は、北国の大家の冬の準備に欠かせません。

ダクトドレンとは無落雪屋根についている排水口のことです。大家は雪が降る前に、この部分がつまっていないか、きちんと確認する必要があります。

意外なことに、このダクトドレンには、枯葉、針金、針金ハンガー、小枝、お菓子の袋、コンビニ袋、カップ麺のカップ（残骸）、コンビニ弁当の箱など、様々なものが詰まります。

なぜ、こんなものが詰まるかというと、カラスが運んでくるのです。特に、物件周辺に荒れたゴミステーションがある物件は、カラスが寄りつきやすいので、要注意です。

このダクトドレンの清掃を怠ると、次のような悲劇が起きます。

①ダクトドレンの清掃・確認を怠る
②ゴミが蓄積
③ドレン入り口にゴミが溜まりはじめる
④砂やゴミが完全に入り口をふさぐ
⑤降雪が始まる
⑥凍結
⑦雪溶けの水が屋根に溜まる
⑧溜まった水が屋根の隙間に入る
⑨夜間など凍結・膨張し隙間にダメージを与える
⑩昼間など解凍
⑪夜間などに凍結・膨張しさらに隙間にダメージを与える
以後、①〜⑪を繰り返す。

そして、ある日、どこからか雨漏りが始まるのです。

そうです。ダクトドレンの詰まりは、物件を蝕むサイレントキラーなのです。

怖いですね・・・。

逆から見ると、物件を検討する際に、この部分がずっと掃除されていないような物件は、建物が傷んでいる可能性があるとも考えられます。

6）機動力が落ちる冬季の仕事の依頼は早めが肝心

前に述べたような冬場の仕事を自分が担当できない遠方大家さんは、管理会社に依頼することになります。

ここで注意したいのが、冬季の仕事の依頼はできるだけ早めに頼むということです。

夏でも忙しい管理会社ですが、冬場は水道凍結、ストーブの故障、雪のトラブルなどが続出するため、さらに仕事が増加します。

それに加えて、北国の冬場の道路脇には、除雪された雪山がそびえたち、片道2車線が1車線になっているため、いつもなら20分で到着する場所にも、平気で30分～40分かかってしまいます。

ですから、よっぽど緊急性の高い仕事でない限り、仕事を頼んでも「ついで」がない場合には、後回しになる可能性が高いのです。

冬の準備は早すぎるくらいがベストです。冬場の仕事も秋には頼むくらいの意識で臨みましょう。

3 リスクの裏にチャンスがある

一般的に、地方の大家さんは地主さん系が多く、サラリーマン大家さんに比べると動きが鈍いといったイメージがあるものです。

しかし、札幌の地元大家さんには、志も投資レベルも非常に高い方が多くいます。管理会社と協力して客付けのサポートをしたり、自ら清掃やリフォームを行ったり、大家さん同士の交流会に参加したりして、満室経営を実現している方も少なくありません。もともとはのんびりしていた地元大家さんたちも、最近の厳しい現状を認識し、重い腰を上げて積極的に活動を始めているのです。

おそらく数年後には、ますますレベルの高い地元大家さんが増え、遠方大家さんも交えた競争は、今以上に激化すると考えられます。

「北国特有のリスクもある上に、地元の大家さんのレベルも高いなら、札幌に投資するのはやめようかな」と思った方もいるかもしれません。

しかし、雪のことをいうなら、札幌の除雪能力は高く、温暖化で降雪量も少なくなってきています。反対に、近年本州ではゲリラ豪雨や竜巻や地震などの突発的な自然災害が多くなっています。

地元の大家さんたちのレベルも、どの地方でも年々高くなっています。

つまり、「ここなら絶対に成功する」という地方なんて、どこにもないのです。

有名な株の格言に、次のようなものがあります。

「人の行く裏に道あり花の山」

投資家は人の成功を見てから動きがちだが、それでは大きな利益を得づらい。

むしろ他人とは反対のことをやった方が、大きな利益を得られるという意味です。

地方都市への不動産投資もこれと同じではないでしょうか。

様々なリスクはありますが、遠方大家さんでも高い成果を上げている方は多くいます。

自身の力でマイナスをプラスに、ピンチをチャンスにできるのが、不動産投資の面白さです。

少しのアイデアと行動力があれば、満室稼働はそう難しくありません。

すべては、自分次第。要は、やりようであり、そこに賃貸経営の魅力があるのです。

第4章

遠方投資で成功する人・失敗する人

1 遠方投資で成功する人

この章では、遠方投資で成功する人と失敗する人の特徴を紹介します。

「いい物件を買えたかどうか」だけが、成功の分かれ目ではありません。

物件力と同じかそれ以上に、大家の考え方・行動力が、遠方投資を成功させるためには重要なのです。

1）「好きな街」に物件を所有すれば行くのが楽しみになる

私は仕事柄、札幌に遠方投資されている大家さんとよくお会いします。

その中で、経営がうまくいっている大家さんに共通することのひとつに、札幌という街が好きで、札幌に出張に来ることを楽しんでいるということがあります。

冬は雪まつり、夏場は避暑として観光の予定を挟み込みながら、家族で札幌に来られる方も多くいます。

美味しいお寿司やジンギスカンを味わったり、スキーやゴルフ、ドライブなどを楽しんでいかれる方も少なくありません。

「満室になると、札幌に行く用事がなくなるから寂しい」と贅沢なことを仰る方もいます。

このように、投資する街に楽しみがあると、不動産投資のために現地に出かけることが、苦ではなくなります。

もちろん、投資である以上、利回りを追求することも大事です。しかし、どうせなら、好きな街に物件を購入してはどうでしょうか。

面白い事に、現地に足を運ぶ回数が多い大家さんほど、不動産投資で成功する確率も高まるようです。

2）地方の人気エリアを把握した上で投資している

前の章でも触れましたが、遠方投資で成功されている方は、その地域の人気エリアをわかった上で物件を買っています。

方法としては、大家仲間に聞く、仲介店舗スタッフに聞く、飲食店の店員（お姉さん）に聞く、友人の友人に聞くなど、いくつものやり方が考えられます。

ちょっとアンテナを広げるだけで、どのエリアが人気なのか、その理由は何なのかが、わかってくるはずです。例えば、大型店舗がある、大手の出店計画がある、有名校の学区である、意外と交通の利便性が良いエリア等です。

ポイントとしては、物件のターゲット層にヒアリングすることです。

ファミリー物件を検討しているのに、クラブのお姉さんにヒアリングしても無意味でしょう。


その後、そのエリアを散歩して、町の雰囲気を五感で感じます。

このときに大切なのが、必ず自分の足で歩くことです。実際に歩いてみると、車ではわからない匂いや人の特徴等を感じられ、その街の個性がリアルに伝わってきます。

・高級外車が駐車場に止まっている確率が高い
・外車を運転する奥さまが多い
・路上駐車が多い。古い車や軽自動車の駐車が多い
・アスファルトが路肩まできちん敷いてあり土が見えない
・道路が凸凹していない
・ゴミの散乱が多い。少ない

・茶髪・スエット・歩きタバコの女性が多く見受けられる
・ファミリー・子供連れが多く歩いている
・電柱に入居募集の捨て看板が多く貼られている
・建物に花が活けられている。何処となく花の存在を感じられる

歩く中で目に入るこのような街の風景からも、たくさんの情報が得られます。

私は北海道徒歩旅でそれを経験していますし、実際に札幌の町中を周っていますので、間違いありません。

3）地方ならではの物件選びのコツを理解している

これも前の章で述べましたが、地方には地方特有のニーズがあります。

その地域に物件を持っている大家仲間や、地元の賃貸客付業者の声を聞いて、「地元で人気物件になれる物件なのかどうか」をしっかりと調査した上で購入することが大切です。

4）新築と中古の特色を理解して、自分に合ったやり方を選択している

新築がいいか、中古がいいか、答えはありません。

大切なのは、それぞれのメリット・デメリットを理解して、自分に合ったやり方を選択することです。

新築は融資が付きやすい、新築プレミアム家賃が期待できる、当初は修繕費がかからないなどのメリットがありますが、利回りは限定されます。

また、激戦区札幌では新築でも数年で陳腐化してしまうため、少し経つと一般的な物件に成り下がってしまうことも知っておく必要があります。

反対に、中古物件はメンテナンス、修繕費などがかかりますが、高利回りが期待できるというメリットがあります。

ただし、利回りに引かれて古い物件を買ったものの、良く調べないで購入してしまい、修繕貧乏になるというケースも見受けられますので、その点には注意が必要です。

周囲の流行やウワサに流されてはいけません。自分の予算や目的、他の物件との兼ね合い等とすり合わせながら、新築を買うか、中古でいくかを決めていってください。

5）その地域に物件を持つ先輩大家さんたちと交流がある

札幌に投資して成功している大家さんたちは、同じように札幌に物件を持っている他の大家さんたちと頻繁に情報交換をしています。

これは札幌に限らず、遠方投資をする際に非常に大切なことといえます。

私はここでひとつ、実験をしてみました。

まったく地の利のない長崎と大阪に物件を欲しいという前提で、長崎と大阪に物件を持つ大家仲間の一人に、実際に電話をかけてみたのです。

すると、1本の電話だけで、次のような情報が得られました。

まずは長崎についてです。

・長崎は坂の町として有名で、市内の4割～5割は傾斜地である。
・安い収益物件や貸家も見つかるが、意外と家賃は安くない。
・管理会社は何から何まで頼めるようなところばかりではない。
・リフォームの手配や客付けのために現地に足を運べるなら、投資先としては面白味がある。

・長崎では、平地の整形地に建つ物件は人気があり、利回りが低いのが通常。
・傾斜地に建てられた物件の中に、超高利回りのお宝物件が見つかることがある。
・自然災害で気を付けることは、台風。強烈な風が吹き、地形によっては風がまとまって突風となることも少なくない。
・突風による事故への対策として、火災保険の「風害免責0円特約」に加入するとよい。
・交通費に要注意。もしも、自宅から長崎空港に行くのにローカル空港を使うような場合は、目的地まで乗り継ぎが発生したり、格安航空券の入手が困難になったりして、渡航費が収益を圧迫することになる。その場合は、潔く諦めることも肝心。

次は大阪です。

・礼金は頂けるし、管理会社もそこそこ動いてくれるので、遠方投資をしている大家さんも多い。
・投資に向かないゾーンもあるので、グーグルストリートビューを見て安心せずに、必ず現場に足を運んで街の様子を見ること。
・郊外の物件を取得する際には、入居者の属性が大きく2つに分かれることを知っておく必要がある。

・転勤族の入居者は2月～4月の転勤時期に部屋を探すので、その時期に一発で申込をもらえるようにリフォームに力を入れる必要がある。
・安さ優先の入居者には立派なリフォームを行わなくてもよい。快適さよりも安さ。
・管理会社は自社の利益のために、リフォームを提案してくることが多い。関西弁の大阪商人相手に、不要なリフォームをどう断るかが遠方大家としての腕の見せ所。

このように、電話1本で、いくつもの情報を得ることができました。

これらの情報を知った上で買付を入れるのと、知らずに買付を入れるのとでは、リスクの大きさがまったく変わってきます。

ちなみに、私にこの情報を教えてくれた脇田雄太さんとは、不動産投資の勉強会「エクシード」で知り合いました。勉強会に参加すると、たくさんの大家さんとの人脈が得られ、全国の情報を得ることができるので、ぜひ参加してみるといいでしょう。

北海道の大家の会には、次のようなものがあります。

・北海道大家の会

http://road.seesaa.net/　Road to 脱サラ

会のオフィシャルＨＰはありませんが、会長であるミットさんのブログで大家の会のイベント告知をしています。

・札幌がんばる大家の会

http://hokkaidolives.com/sapporo-ooya/

主に札幌圏に物件を所有する大家さんの相互扶助的な会員組織です。２００６年、賃貸経営全般を互いに学びあい、扶け合うための場として誕生しました。

本来なら競合相手でもある大家同志が、各々の創意工夫や実践してきたノウハウを公開し、選ばれる住まいをづくりを目指しています。

・オーナーズビジョン

http://www.ownersvision.com/

北海道でアパマン経営の相談窓口として活動。融資相談、建築、購入相談などを行う総合不動産投資コンサルティング会社です。

この他、全国に多くの大家の会が存在しています。

「地名　大家の会」で検索して、該当するものがあれば、ぜひ参加してみてください。得られる人脈や情報量を考えれば、新幹線や飛行機に乗ってでも出かける価値はあると思います。

私の参加しているエクシードにも、北海道、福岡、大阪など全国の大家さんが参加をして、活発に意見交換をしています。

・大家の会に参加するときに注意すること

大家の会は基本的に相互支援、つまりギブアンドテイクの精神で成り立っています。注意点として、自分からは何も発信せず、情報を集めることだけに力を注ぐタイプは嫌われます。

初対面であれを教えて欲しい。これはどうか？　と質問してばかりしていても本当の情報は得られません。正直なところ、このような「くれくれ星人」にメンバーはうんざりしていますので、気を付けてください。

まずは、積極的に会に顔を出し、メンバーや会のＨＰに情報を提供したりする中で、自分がどういう大家なのか、皆さんに知ってもらうことから始めましょう。

それがこうした会のマナーです。

そうした相互支援を前提としたコミュニケーションが苦手であったりできない場合は、コンサルタント業者に相談するといいでしょう。

6）良い管理会社をパートナーに選んでいる

遠方投資を成功させるためには、パートナーとなる現地の管理会社が必要です。

この管理会社選びを間違えると、投資で成功する確率はグンと低くなります。

よく、管理会社を選ぶ方法がわからずに、投資に失敗して物件を売りに出した前のオーナーがお願いしていた管理会社をそのまま引き継いだり、販売業者に言われるままに決めてしまったりする大家さんがいます。

つまり、物件は吟味するのに、大切な管理会社選びをおろそかにする大家さんが多いのです。これには、いつも疑問を感じます。

では、いい管理会社を見つけるために、大家はどうすれば良いのでしょうか？

実は、管理会社の質を見分けるのは簡単です。

次の言葉を、管理会社さんに言ってみればいいのです。


「天井口を開けて中を見たいので、脚立を持って来てください」


そして、管理会社さんがやってきたら、**脚立の足**を確認してみます。

脚立の足にカバーなど何も付いていなければ、アウトです。

本来、脚立を室内で使う場合は、内履きとして脚立の足にカバーをするのがマナーだからです。


脚立の足は堅く溝がついていますし、砂などのゴミも付いています。いわゆる土足状態なのです。

このまま室内で使用すればフローリングの床に傷が付くでしょうし、クッションフロアなら、凹み痕やひっかき傷がつくかもしれません。

現場の社員がこれでは、全ての管理業務が、粗雑である可能性があります。

脚立の足のカバーひとつでなにをと思われるかもしれませんが、こうした小さな事にも

100円均一のテニスボールで作ったカバー

気を付けてくれる管理会社が、良いサービスを提供してくれるのです。

ちなみに、私が使っている脚立には、写真のように100円ショップで購入したテニスボールをつけています。ゴムの収縮でボールが外れる事もありませんし、着脱も簡単。ボールの表面がフェルト素材でできていて、床に傷を付ける心配もありません。

他にも、よい管理会社を見分ける方法はあります。

方法としては、その管理会社に出向いて、話をしながら、会社の様子を観察します。

その際、電話が鳴ったらすぐに出ているか？　電話のベルがずっと鳴りっぱなしでないか？　を特にチェックします。

管理会社には日々、たくさんの電話がかかってきます。すべての電話を急いで取っていれば問題ないのですが、中には電話のベルが鳴りっぱなしで、なかなか受話器を取ろうとしない会社もあります。

その場合は、要注意。社内で業務が回っていない可能性があります。

もうひとつ大切なのが、スタッフの発するオーラや、事務所の雰囲気です。

これは感覚的なものですので、初めはわかりにくいでしょうが、管理会社をいくつも廻っているうちに、「ここは雰囲気がいいな」「ここは暗い空気だな」というようなことが少しずつわかってくるはずです。


最後に、日曜定休にしている会社は早々に見切りましょう。店舗が休みでも、せめて電話受け付け要員だけでも配置しておくべきです。

休日の空室確認や鍵の受渡し、質問対応、家賃交渉ができないような運営会社では、決まるモノも決まりません。

7）管理会社担当とメールでうまく連絡をとりあっている

いい管理会社さんに出会えたら、すべてOKというわけではありません。管理会社さんも、完璧ではないからです。

札幌へ投資している大家さんに共通する悩みのひとつに、「管理会社の動きが悪い」ということがあります。お会いした大家さんたちは、非常に高い確率でそう言います。

しかし、管理会社さんは常にオーバーワーク気味でバタバタしています。

忙しい彼らに、電話で指示をしても、必ず何かが抜け落ちてしまいます。

ですから、指示は必ず電子メールで伝えましょう。

そのとき、指示内容は要件を絞って、箇条書きで示すことがポイントです。

これなら、依頼内容が伝わりやすく、洩れることもありません。

さらに、文中に「結果を××月××日までメールで報告してください」と、と報告期限を記載するようにしてください。

そうすれば、「レスポンスが遅い」「依頼した件がどうなっているか報告がない」といった問題を防ぐことができます。

遠方大家として成功するには、メールの活用が不可欠です。

忙しい管理会社の担当者が仕事をしやすいように、大家の方でもメールの書き方に工夫を凝らし配慮することが大切なのです。

8） 管理会社さん以外にも、現地に協力してくれる人がいる

現地の知り合いの大家さん等に協力を依頼して、管理会社の「セカンドオピニオン」的な役割をお願いしている大家さんもいます。

管理会社さんが約束した仕事を果たしてくれているか、彼らに報告してもらうのです。

管理会社は、自分たちにとって都合の悪い情報を大家に伝えようとはしません。

ひどい場合は、やっていないことを「やった」といって報告してきます。

後で示す写真のように物件が荒れてしまうのは、そのような不誠実な管理会社があるからなのです。

そんなとき、第三者の立場から報告してくれる人がいれば、管理会社にまかせているだけのときよりずっと多角的な視点で、物件の問題点を見つけることができます。

第三者の視点で報告してくれる仲間を持つことは難しいことではありません。

同じ都市に不動産投資をしている大家どうしが協力して、出張のたびにお互いの物件を見て周り、報告しあえばいいのです。（そうした協力者がいない場合は私に相談してください）。

それ以外にも、大家が直接、リフォームなどを発注している場合は、業者さんに物件の様子を撮影して送ってもらうことができます。

燃料供給会社や共用部の清掃会社に、写真を撮って送ってもらえるようお願いするのも一案ですし、投資先に親戚や友人がいれば、お子さんをアルバイトとして雇う方法もあります。

お願いできそうな入居者さんがいれば、その方に報告してもらってもいいでしょう。

あなたの周りに協力してくれる現地パートナーはいませんか?

管理会社さんにプラスして、もうひとつのチェックの目が入ることで、遠方投資のトラブルやストレスは、グンと減少するはずです。

2 遠方投資で失敗する人

1) 管理会社にまかせっきりで物件は荒れ放題

遠方投資で失敗する大家さんは、前に述べた「遠方投資で成功する大家さん」がやっていることを、できていない人たちです。

遠方投資で失敗する人の大きな共通点に、物件の状態を把握できていないということがあります。

実際、札幌には慢性的な管理不足から荒れ放題の物件が数多く存在します。

代表的なものを写真で示しますが、いずれも大家さんが物件のことを気にかけていたら絶対にこんな風になるはずがないというひどい状況です。

ゴミが溢れ出たままのゴミステーション

敷地内に粗大ゴミの山

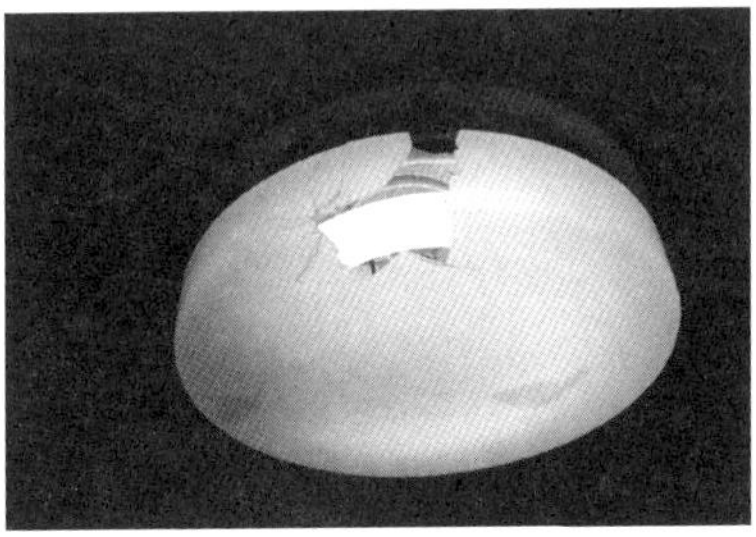

長期間割れたままの共用部の照明

これでは、住んでいる人たちも、早々に退去したくなるでしょうし、新たな入居者の確保も難しくなってしまいます。

大家から見れば、管理会社にきちんと管理費を払っているのだから、しっかりと管理されているはずだ、という思い込みがあるのでしょう。

しかし、現実は違います。ドライな言い方をすれば、しょせんは他人の物件です。多少汚くても、それで空室が長引いても、彼らには関係ないのです。

切れたままの共用部照明

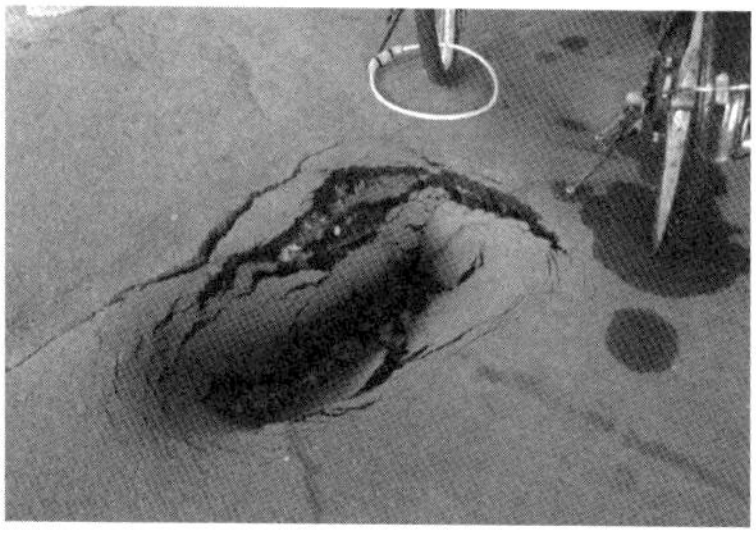

突然駐輪場の地面が陥没

ゴミが散乱する階段では客付けも困難

こんなことにならないためには、まずは信頼できる管理会社さんを選ぶこと。そして、定期的にコミュニケーションを取って、彼らの中で自分の物件の優先順位を高めてもらうことが大切です。

もちろん、年に数回でもいいので現地に足を運ぶことも欠かしてはいけません。

自分の目で物件の様子を確認し、管理会社にあいさつに出向く習慣を持てば、物件が荒れ放題になることは避けられるはずです。

2）遠方投資から撤退した大家さんたち

遠方投資がうまくいかない人たちの中で、特に目立つのが、最初の物件選びの段階で、間違いをおかしている大家さんです。

彼らは、本州の不動産投資の指標で札幌の物件を検討し、失敗してしまいます。

「東京で、この広さでこの家賃なら安い！」
「東京で、この駅までの距離なら近い！」
「東京で、この設備だったら十分だ！」

そんな**東京感覚**で、物件を買ってしまうのです。

しかし、東京では駅から徒歩10分が近くても、札幌ではそうではありません。吹雪の中を10分も歩けば、芯まで凍えてしまいます。

東京と札幌を比較する場合は、3割のギャップを計算に見込むのが良いでしょう。

例えば、売物件が30㎡の部屋なら、3割減らして21㎡にして考えます。

すると、「関東の人が30㎡の部屋に感じる広さの印象は、札幌人の場合には21㎡くらいにしか感じない」ということが予想できます。（道民は広くて当然という感覚なのです）。

また、北海道で最寄り駅から徒歩10分の場合は、3割プラスして、東京なら徒歩13分と考えるのです。

激戦区札幌では、入居者は部屋を選びたい放題です。

札幌の入居者は東京の入居者に比べて、シビアな目を持っています。物件を選ぶときは、それを考慮することが大切なのです。

別の失敗例としては、予想外の出費がかさんで資金繰りが苦しくなるというパターンが見られます。

例えば、中古のRC大型物件を購入したものの、購入後にエレベーター、給排水設備、外壁塗装、都市ガスの給湯ボイラーなどのメンテナンス費が予想以上にかかり、収益を圧迫してしまったというケースです。

これ以外に、撤退はしていなくても、入居づけのたびに高額な広告費を求められて、ギリギリデフォルト（債務超過）予備軍の大家さんも少なくありません。


彼らに共通するのは、「物件を買うことが目標」になり、「融資がつくから」といって、買ってから苦労する物件を購入してしまったことです。

経営がうまくいってこそのキャッシュフローです。

買ってから収益を上げられる物件を選ぶことが大切なのであり、「買える」こと自体を、購入の基準にしてはいけません。

第5章

ライバルに差をつける！遠方投資に効くリフォーム実例と注意点

1 「どこにでもある部屋」では価格競争に巻き込まれる

この章では、遠隔地にある物件を地域の「人気物件」にするリフォーム術をお伝えします。当たり前ですが、地元のニーズに合った物件を購入できたからといって、それで安泰ではありません。

周囲にあるたくさんのライバル物件の中から、自分の物件を選んでもらうには、他にはない工夫を凝らした、オンリーワンの部屋を作ることが秘訣になります。

何の強みも持たない平凡な部屋は、スーパーで売っているごく一般的な牛乳のようなものです。

ほとんどの牛乳は、メーカーや産地が違うだけで基本的に中身は同じです。違いがわからないので、消費者は唯一の差である価格に注目して、安い牛乳を手に取ります。

これと同じことが、賃貸業界でも起こっています。

白い壁紙、メイプル色のフローリング、シーリング照明、一人暮らし用のミニキッチン、ごくごく普通のユニットバス・・・。

立地と間取り以外は、どの部屋も驚くほど似かよっています。

これでは、牛乳と一緒で、何処も違いがないようであれば「安い方」が選ばれることになるのが当たり前でしょう。

しかし、牛乳の中でも、価格競争に巻き込まれずに人気商品になっているものもあるわけです。

例えば、広い牧草地に放し飼いにされて、オーガニックの飼料を食べて育った牛から今朝、絞られたばかりの新鮮な牛乳、というような特色がある牛乳はどうでしょう。

商品そのものに特徴があるこのような品物は、価格競争に巻き込まれることなく、その「強み」を評価する人たちから、一定の支持を集めることが可能です。

不動産の場合、立地環境は変えられませんが、物件ならいくらでも変えられます。

もちろん投資ですので、収益性とのバランスを考えることは当然です。

リフォームの際には、コストをできるだけ抑えつつ、内見者が「ここに住みたい！」と思う部屋に仕上げることを意識しましょう。

「どこにでもある部屋」から抜け出すことが、選ばれる部屋を作る第一歩なのです。

2 仲介営業マンたちが内見者を連れてきたくなる部屋を作れ!

「どこにでもある部屋」から選ばれる部屋にする方法のひとつが、差別化リフォームです。

ここで大家さんを悩ませるのが、いったいいくらの費用をかけて良いものか、ということです。

6ヶ月分の家賃がリフォーム費のひとつの目安とも聞きます。しかし、築20年で何もしていない部屋と、築数年の物件では、当然必要になる価格は違います。

私の例でいうと、次の金額を、退去ごとのリフォーム費用の目安にしています。

原状回復費　＋　家賃1～2ヶ月分の差別化リフォーム

私のアパートの築年数は約10年です。それなのに、退去毎に原状回復費以外にも家賃1

～2カ月分の差別化リフォーム費用をかけるのは、原状回復だけ進めても、部屋の陳腐化は避けられないからです。

常に選ばれる物件であり続けるには、現状回復で清潔感のある部屋に仕上げ、さらに差別化リフォームで周辺の物件と決定的な差を付けることが大切なのです。

その甲斐あって、私のアパートは、仲介業者のスタッフから「毎回リフォームに力を入れてくれるので、紹介しやすい」という評価をいただいています。

空室を埋めるには、内見数が命です。家賃1～2カ月分のリフォーム代は、仲介営業マンたちが内見者を連れてきたがるような部屋を作るための、**「本当の宣伝費」**ともいえるのです。

広告費は払ったらお終いです。一方、設備は室内に残りますので、それは物件の強みとなる資産になります。

どちらにお金を使うべきかは、賢い大家さんならわかるでしょう。

3

リフォームのパートナーは工賃よりも「仕事ぶり」や「相性」を重視せよ

遠方大家さんがリフォームを頼むときは、現地の管理会社にまかせるのが一般的です。しかし、すべておまかせでは、「ふつうの部屋」しかできあがってきません。

オンリーワンの部屋を作るためには、自分自身で現地の業者さんとタッグを組んで、一緒に選ばれる部屋を作っていくことが必要。

現地の業者さんや職人さんと知り合うには、大家仲間の紹介のほか、インターネット等を利用して自分で開拓する方法があります。

ここで、東京と札幌の一般的な壁紙業者のクロス単価を調べてみました（無作為に500番クロスの㎡単価を調べて平均化）。

エンドユーザー価格ですので、大規模大家さんやパワー大家さんなどはもう少し安いと思います。あくまでも初めて業者に頼んでみようという初心者大家さん向けの一般価格と思ってください。

札幌圏　クロス㎡／単価　500番

A社　735円
B社　1000円
C社　850円
D社　750円
E社　900円
F社　1050円
G社　700円
H社　800円
I社　750円
J社　900円

平均　㎡／840円

東京圏　クロス㎡／単価　500番

A社　760円
B社　700円

C社　750円
D社　1100円
E社　850円
F社　600円
G社　1250円
H社　980円
I社　875円
J社　850円
平均　㎡／876円

見ていただくとわかるのですが、札幌と東京とで、大きな開きはありません。

それなのに、「人件費の低い地方のリフォーム費用は東京よりも安いはず」と決めてかかって、現地の業者さんを値切りまくる遠方大家さんの話をよく聞きます。

大家さんの中には、「リフォーム費用をどれだけ安くするかが勝負！」「リフォーム費をこれだけ安くできた」と武勇伝を語る方も少なくありません。

しかし、遠方大家はリフォームの進捗を自分の目で確認できない上に、現場の職人さんに缶コーヒーやおやつを差しいれてコミュニケーションを深めることもできません。

そのような状況で過度なコストカットを行えば、部材のランクを落とされるか、工程を減らすために手抜きをされるかのどちらかでしょう。

遠方大家がリフォームを依頼するとき、何よりも大切なのは、「あなたの力になりたい」と思ってくれる職人さんを見つけることです。

私はいい職人さんに巡り合ったおかげで、安くて良いリフォーム法を提案してもらったり、配管、電気、左官、ペンキ職人さんなどを紹介してもらったりしたことがあります。おかげで、大家としての幅が広がりましたし、それぞれのプロの職人さんに直発注できるようになったので、仕上がりが良くて安く施工できるようになりました。

このように、良い職人さんは大家の気持ちを汲み、言われたこと以上の成果を出してくれるものです。

当たり前ですが、安く仕上がっても、雑な部屋になっては意味がありません。

そのためには、職人さんを「業者扱い」せず、賃貸経営のパートナーとして接することが大前提となります。その中で、仕事ぶりや自分との相性を見て、いい職人さんがいれば、ぜひ自分のチームに加わってもらいましょう。

仕上がりの質も見ずに「とにかく安く！」と言われれば、職人さんは「仕上がりも見ないで最初から値切るなんて失礼だ」と感じるでしょう。

当然、「この大家さんの力になりたい」とは思ってもらえません。

4 3種類のリフォームで「ターゲット」に選ばれる部屋を作る

退去後のリフォームには3つの種類があります。

- **原状回復リフォーム　↓　破損修繕＋清潔感向上**
- **時代払拭リフォーム　↓　陳腐化防止**
- **差別化リフォーム　↓　「住みたい！」と思わせる**

1）原状回復リフォーム

原状回復リフォームは、ご存じの通り破損個所を修繕し、前入居者の痕跡を消して、部屋を本来のあるべき姿に戻すことが目的です。

しかし、実際に原状回復リフォームが終わった部屋に行ってみると、意外と雑なことがあるので注意が必要です。

例えばキッチンの手元灯の紐や蛍光灯の紐が手垢で汚れていたり、台所に後から付けられた安っぽいタオル掛けがそのままになっていたりという具合です。

雑なリフォームをした部屋には、「清潔感」がありません。

故意の破損や退去者の過失による修繕が終われば、リファームが完了したと考える大家さんもいますが、それではまだ不十分です。

「清潔感」のない部屋のままでは、リフォームが終わったとはいえないのです。

2）時代払拭リフォーム

築年数が10年も過ぎると木製の建具の小さな傷が目立ち始めます。また、プラスチック製の建具でも破損や経年劣化が見受けられるようになってきます。

このような状況を「まだ使えるから大丈夫」「劣化だから仕方がない」と言って、目をそらしていてはいけません。

大家にとってはその状態が「普通」でも、その部屋に内見に来たお客様が初めて見れば、その部屋は「くたびれた部屋」に映ります。

第一印象がそれでは、当然、申し込みはいただけないでしょう。

それでは、時代払拭リフォームとは何なのでしょう?

これは文字通り、時代感を払拭するリフォームです。

具体的には、新築同様にフルリフォームするのではなく、退去時の原状回復時にプラスαの費用で行う追加工事で、**「同じコストを掛けるなら空室の売りになるポイントを一つでも増やす」**ことがポイントとなります。

実施するのは、例えば次のようなことです。

・ヒビの入った天井のシーリングライトのシェードを交換するとき、同じ照明に変えるのではなく、少し奮発して高性能・高デザインの物に交換する。

・穴を開けられてしまった壁のボードを交換するときは、原状回復工事として穴を普通に埋めるのではなく、その場所にニッチ棚（壁埋め込み式の飾り棚）を作ってみる。または、安い500番クロスを貼るのではなく、ワンランク上の1000番クロスを利用してアクセントクロスにしてみる。
・薄汚れてしまった白い建具を、全く違う色（黒・オレンジ・赤等）に塗り潰して部屋のアクセントにする。
・シャンプードレッサーを交換するときに、幅広タイプに交換する。
・シャワーホース・シャワーヘッドを交換するときに、マッサージ機能付きや節水タイプのものを選ぶ。
・和室の畳を新しく変えるときは、思い切ってカラー畳もしくは琉球畳を選ぶ。または、無料で数種類の中から好きな色の畳縁を選べるので、目立つ縁や少しでも高級感が感じられるものにしてみる。

何も考えず修繕すれば、以前と同じ「ふつうの部屋」が完成します。

しかし、少しのアイデアと追加予算をプラスすれば、設備の交換や修繕が発生するたびに、その時代に合った魅力的な部屋を作ることができるのです。

この時代払拭リフォームを導入すれば、同時期に建てられたライバル物件との差が生まれ、「築年数が建っているけど決めやすい物件」「適切に手をかけられている物件」と仲介業者の間で認知されていきます。

リフォームの際に「前と同じようにしておけばいい」と考えている大家さんは、ぜひ頭を切り替えてほしいと思います。

3）差別化リフォーム

ライバル物件と圧倒的な差をつけて独り勝ちするために効果的なのが、差別化リフォームです。

同じような間取り、同じような設備の金太郎飴物件からの脱却を図り、内見者に「住みたい」と思ってもらえる部屋を作ります。

先の時代払拭リフォームと並行しつつ、退去がある毎に少しずつ手を加えていきます。

一気に変えないのは、退去のたびにリフォームのポイントを変えることで、「あの物件はまた何か手を入れた」と仲介業者スタッフの関心を集めるためです。

また、常に新鮮なリフォームを行うことで、彼らから「あの大家さんはいつもがんばっている」「応援したい」と思ってもらえる効果も期待できます。

差別化リフォームのポイントは、目立つ室内設備から導入します。

誰でも一目でわかる差別化にお金をかけるということです。

例えば、今さら温水便座洗浄機を部屋に導入しても目立ちません。もちろんついていた方がいいのですが、アピールポイントとしては力不足です。

同じお金をかけるなら、周辺物件にはない目新しい設備を付けるか、室内の雰囲気を変えるなどのリフォームをした方が効果的です。

とはいえ、地方では多額の費用を投入しても家賃を上げることは困難です。

ですから、基本は低価格で目立つ設備を入れて「他物件との明確な違い」を強烈にアピールすることが満室への近道なのです。

私が実際に行っているのは、次のような内容です。

・浴室を分譲風にプチリフォームする
・エアコンを付ける(まだ札幌では珍しいのです)
・壁面収納を付ける
・照明をデザイン性の高い物に変える・高機能にする・増設する
・照明をダウンライトにする

・アクセントクロスを導入する
・クロスのデザイン貼りをする
・入居者が自由にアクセントクロスを選べる仕組みを導入する
・床・壁を張替えるときはトータルコーディネートを取り入れる

こう見ると出費がかさむように感じるでしょうが、工夫次第でコストは抑えられます。

人も時代も変わっているのに、賃貸物件の部屋だけ建築当時のままで良い訳はありません。

賃貸戦国時代に入居者に選ばれる部屋を作るには、常に新しい取り組みを導入する事が必要なのです。

5 激戦区で成果を出しているリフォーム事例

ここからは、オンリーワン物件を作るための具体的な方法をお伝えします。

どれも、私が実際に激戦区札幌で行い、効果を確認しているものです。

1）アクセントクロスは入居者に選ばせろ！

多くの大家さんが取り入れているアクセントクロスですが、人の好みは十人十色。大家のセンスと入居者のセンスが必ずしも同じとは限りません。

仲介業者のスタッフに聞いた話によれば、過去には、立地や間取りが気に入って内覧に来てくださった女性の入居希望者さんが、大家が選んだコンクリート柄のクロスが気に入らないという理由で、申し込みにいたらなかったということがあったそうです。

よかれと思って大家が選んだアクセントクロスの柄が逆効果となり、お客さんを逃してしまったのです。

内見者へのアイキャッチ用大型ポスター

私はこのような失敗をなくすために、たくさんある壁紙の中から、入居者に好きなクロスを選んでもらうサービスを始めました。

入居促進を狙うのですから、料金は無料でサービスします。それでも、空室期間が短くなり、仲介スタッフに一目置かれる物件になりますので、十分にやる価値はあるといえます。

この入居者が選ぶアクセントクロスの利点は以下の通りです。

・入居者のセンスに合わせる事が可能
・家賃値引き交渉があった場合、家賃値引きまたはクロスを選べるという二択から選択してもらえる
・仲介スタッフが決めやすい部屋として扱ってくれるため、内見が増加する
・内見率増加に伴い、成約率も増加する
・入居者が希望しない場合は施工しなくても良い
・入居者が部屋に愛着を持ち、キレイに使ってくれる

こんなに利点があるのにやらないのは損というもの。私は自分の物件には手作りのポスターとパンフレットを置いて、アクセントクロスを選べることをアピールしています。どの入居者様も予想外のクロスを選ぶので面白いですし、大家として入居者の嗜好の勉強にもなります。

収納力アップ＆室内イメージを強化

2）壁に稼働棚をとりつける

写真の部屋は、壁一面に荒々しいＯＳＢ板を貼り、その上に可動棚を取り付けています。

写真では見えませんが、クローゼットにはパンチングメタル柄の壁紙を貼り、建具は黒でペイントしました。巾木も黒にして、室内にアクセントと安定感を演出しています。

素材感を活かしたこのリフォームは、男性の入居者をイメージしています。

狙いは大当たりで、施工後の仲介店舗への訪問営業では、大好評でした。

3）部屋の印象を左右する照明器具

照明はオンリーワン物件を作るときの大切なポイントです。

写真の単身者向けマンションでは、既存のシーリングライトを撤去し、天井にステンパイプを取り付けました。そして、代わりの照明としてクリップライトを設置しています。

これで入居者は、自分好みの光の演出を楽しむことができます。

3本のステンポールにクリップライトを

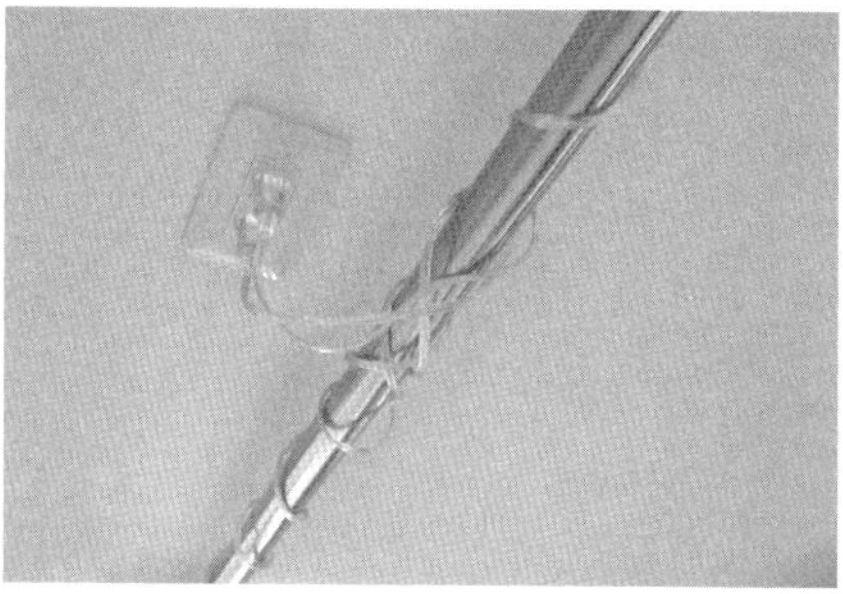

天井に複数の2口コンセント増設

電源は引っ掛けシーリングソケットを撤去して、普通のコンセントを設置しました。

入居者はここから電源を取り、余ったコードはパイプに巻きつけます。オンとオフは今まで通り壁のスイッチで切り替えられます。

4）シャンプードレッサーをかっこよく見せる方法

古くなったシャンプードレッサーを交換する際、本体だけ交換して満足していませんか？ それでは原状回復しかできませんので、交換費用がもったいないですよ。

せっかく交換するなら、一緒に裏のクロスも交換して高級感を演出することをおすすめします。通常は、５００番の白色クロスを使っていると思いますが、思い切って柄物の

ダーク系の壁紙に白が引き立つ

1000番クロスに換えてみましょう。

1000番といってもそんなに費用がかかるわけではありません。

このとき、クロスの柄をグレーやこげ茶色などのダーク系にすると、シャンプードレッサーの白色とクロスの色の差が際立ち、不思議と高級感が出るのでおすすめです。

さらにワンランク上を求めるなら、収納部扉をシートリメイクします。横木目柄のダイノックシートなどを貼るだけで高級感が増します。

5）古いキッチンの収納部分を塗装するテクニック

古いアパートでは、キッチンのシンク下の収納部がかなり傷んでいることがあります。

普通の人なら即交換だと思いますが、私は違います。ちょっとのひと手間を加えてリメ

排水口からもれた湿気で腐ったキッチン

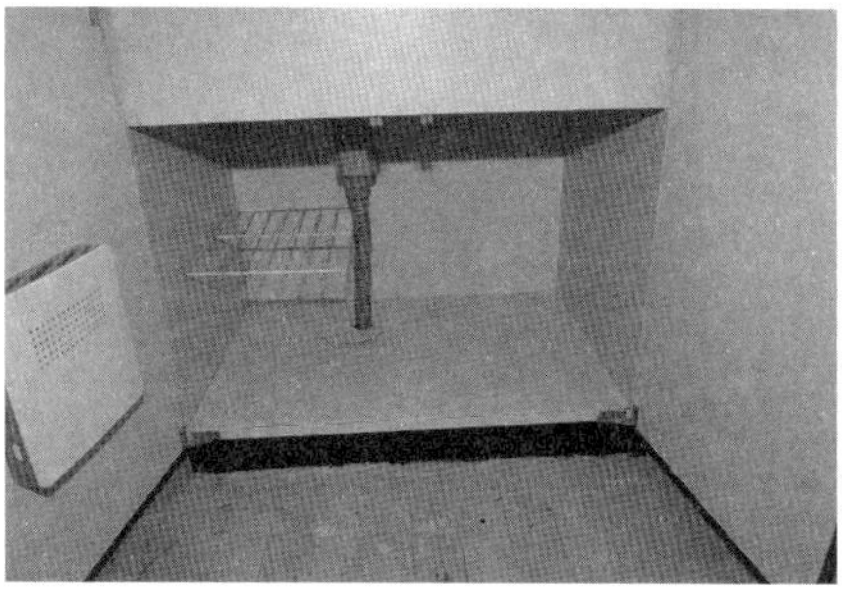

床を張替え、包丁置き交換、全塗装で復活！

イクしてしまいます。

写真のキッチンの場合、問題は収納部分の床が腐っていること、下水パイプとの接合部分に隙間ができて、湿気が上がって来ること（木が腐った原因）、そして収納内の木部についた汚らしい染みの3点です。

このとき、まず行うのは、収納部分の床板をはがし、下水パイプとキッチンの排水パイプの隙間を埋める再発防止対策です。それができたら、次に床を貼り直し、収納部分を塗装します。

そして、ここからがポイント！

収納部を塗る塗料は、白はＮＧ。その理由は、ちょっとした汚れでも目立つからです。

ですから、ペンキ屋さんへは「白色に黒を少し足したグレーがかったホワイト」と注文して、塗装してもらいます。

あとで、「イメージと違う」といったトラブルを防ぐために、色の指定は色見本帳の色票番号で伝えるといいでしょう。おすすめの色票番号は「BN‐85」「BN‐80」です。

これで、まだまだ稼いでくれるキッチンになりましたね。なんでも新しいものに交換ではなく、活かせる物は延命させて、長く稼いでもらいましょう。

女性目線を取り入れ古い包丁立ては交換

6）女性が必ずチェックする包丁立ては清潔に

キッチンでもうひとつ、注意したいことがあります。それは、包丁立ての清潔感です。

集合住宅の包丁立てはプラスチック製のものが多く、プラスチック部分が経年劣化して黄色く変色していたり、長年の使用で傷だらけだったり、割れや欠けも見受けられることがあります。

女性はこうした水回りの汚れに敏感です。男性は包丁立てなど気にしませんが、毎日家事をする女性は気にしますので、油断せずに包丁立てにも気を配ってください。

新品に交換しても数千円ですみますし、ＤＩＹで自分で簡単に交換もできます。
特に築古物件の場合は、交換をおすすめします。

7）壁を活かした差別化にはピクチャーレールが一番

空室の殺風景な壁に、絵やファブリックボードを飾ると入居促進に効果的です。
部屋の中で一番目立つのは壁ですから、この部分を活かさない手はありません。

私は内見時のイメージアップを狙うために、必ず壁に絵やファブリックボードを飾れるピクチャーレールを設置しています。

ここに絵やファブリックボードを飾っておくと内見時にかなり目立ちます。

ピクチャーレールだけ付けておけば、絵などは飾らなくていいのでは？　と思う大家さんもいるでしょう。しかし、元々ピクチャーレールは存在感を隠すように作られているので、飾らないとせっかくのピクチャーレールに気づいてもらえません。

ピクチャーレールは人気アイテム

賃貸といえば壁に穴を開けることは厳禁で、絵画を飾って楽しむことなど到底無理だろうと内見者は思っています。そんなとき、ピクチャーレールがついている部屋を見れば、必ずや印象に残るはずです。

※ピクチャーレールとは、絵画、ファブリックボード、額縁等を吊るすために天井に近い壁面に取り付けるフック付きのレール。壁に穴をあける事なく壁に額を飾れる。

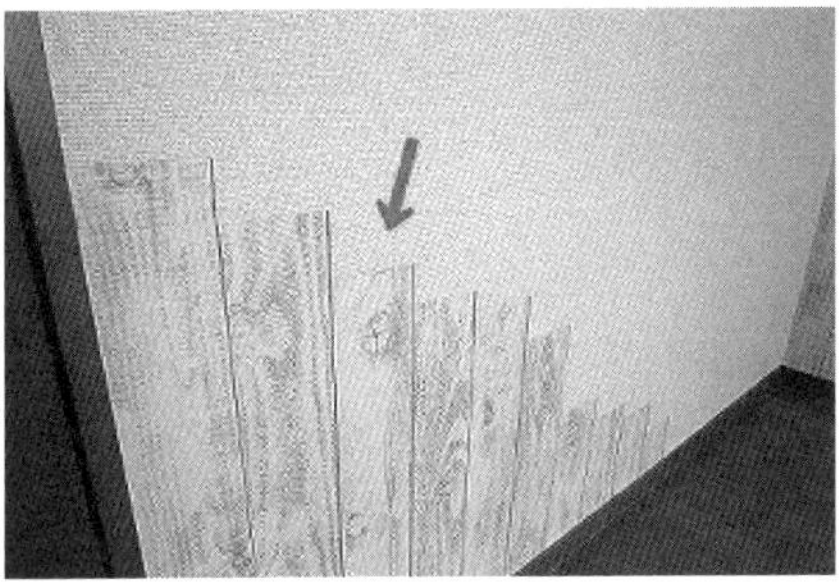

壁紙を上手に活かしてオンリーワンのお部屋に

8）壁紙の柄を活かしたデザイン貼りで差をつけろ！

「デザイン貼り」は、私が空室に付加価値をつけるために積極的に取り入れている壁紙の貼り方です。

まだアクセントクロスほどメジャーになっていないこともあり、数々のクライアント物件で高い入居促進効果があった事を確認しています。

簡単に説明すると、写真の矢印が示すクロスの貼り方がそれです。

どうですか？　面白いクロスの貼り方でしょう。

これは壁紙の柄を上手く利用した貼り方で、カントリー風のアクセントクロスが施工されている部屋に、このデザイン貼りを追加すると、部屋全体の室内イメージを際立たせる効果があります。

部屋中の壁にこのカントリー風クロスを貼ってしまうと、圧迫感のある狭い部屋のような感じになりがちですが、アクセントクロス＋デザイン貼りなら、部屋全体が広々と程よくナチュラルな印象に仕上がり、女性に好まれます。

アクセントクロス＋デザイン貼り

また、空室のクロスが張り替え不要な場合は、デザイン貼りする部分のクロス代しかかからないので、部材コストを低く抑えられます。

デザイン貼りのために、５００番クロスまで新たに貼る必要はありません。

逆に、汚れや破れがあるクロスの部分だけに上手くデザイン貼りをすることで、リフォーム費用を安くすることも可能です。

使用クロス
メーカー　サンゲツ
品番　SG-5633　防カビ・汚れ防止・抗菌・表面強化　巾920mm

注意点は、デザイン貼りだけではなく、必ずアクセントクロスを1面入れて、部屋のコンセプトをまず明確にすることです。

デザイン貼りは、キッチンやトイレ、脱衣所などにも施工すると、物件全体に統一感を持たせることができます。

「アクセントクロス」＋「デザイン貼り」→部屋のコンセプトを明確にする

この方程式で、内見者は確実に部屋を気に入り、仲介スタッフは「決めやすい部屋」と物件を認知して内見の数を増やしてくれます。

他にも一風変わったデザイン貼りのテクニックはいくつもありますが、作業が面倒なので職人さんは引き受けるのを嫌がります。

職人さんからすれば、簡単な５００番の白無地をささっ～と貼って楽に稼ぎたいのが本音でしょう。

しかし、多くの大家さんが情報武装して経営に乗り出している今、抜きんでるためには、一歩先行く大家にならなければいけません。

面倒な仕事を引き受けてくれる職人さんに感謝しながら、他にどんな工夫ができるか、相談してみるといいでしょう。

9）キッチンリメイク

古いキッチンのリメイク第二弾として、収納パネルをシートリメイクする方法を紹介します。簡単に言うと、キッチンパネルにシートを貼って、汚れを隠してしまう方法です。

私が使っているシートは、次のようなものです。

メーカー　３Ｍ
商品名　ダイノックシート

このシートは様々な建築物に使われていて、リフォームにはなくてはならないほどの重要部材。

例えば時代を感じるキッチンも、収納扉の面をシート施工するだけで、今風のキッチンに生まれ変わります。

その際、取手も同時に交換するとさらに印象がアップしますので、同時交換をおすすめします。

シートリメイクで稼ぐキッチンに生まれ変る

シートにも種類がたくさんありますが、私がよく使うのは、「ダークブラウンの木目柄」のダイノックシートです。このとき、木目は「横木目」で施工するのがポイントです。理由は、縦木目より横木目の方が高級感が出るからです。合わせて、プラスチック製の取手を金属製の取手に交換することで、さらに高級感を出すことができます。

キッチンは必ず厳しくチェックされる箇所。内見者の第一印象を大きく左右しますので、常にキレイな状態を保つことが大切です。

（写真は単身男性狙い部屋でカーボン調のシートを使用）

10）１階の窓に曇りガラスシートを貼る

一階の部屋の窓に「カーテン」をつける大家さんが多いようです。

本人は「１階の部屋で人の目が気になるだろうから、大家からのプレゼントでレースのカーテン付けてあげよう。オレって太っ腹な大家だな〜」と思っているのでしょうが、残念ながらそのカーテンはたいていの場合、マイナス効果になります。

いいですか、目を閉じて想像してみてください。

あなたは旅行中です。旅先で宿を見つけて、一泊することにしました。宿の従業員に部屋に通されました。まず何を確認しますか？

浴室のアメニティー？　ミニバー？　冷蔵庫の中身？　ＴＶ？　ベットマットの堅さ？

違いますよね。

あなたはわき目もふらず、窓際に立ち、部屋からの眺望を確認しませんか？

その窓がカーテンで閉じられていたら開けて確認しませんか？

それと同じ行動を、内見者も必ず行います。

さあ、内見者が部屋に入って、窓にかけられているカーテンをバサッと開きました！

すると、目に入ったのは、目の前の歩道・・・。

しかも犬の散歩をしていたおじさんと目が合ってしまった・・・。

一瞬でドン引きです。


そして内見者は、こう思うことでしょう。

「なるほど、大家は窓の外の風景を見せたくないために、カーテンをつけているんだな」

「この部屋に住んだら、カーテンを開けている間、ずっと外の視線が気になりそうだ」

そして、仲介業者スタッフにこう言うのです。

「次の部屋、見せてください」


マイナス面を隠そうと安易に、サービスでカーテンを付けてはダメなのです。

カーテンを買う費用があるなら、曇りガラスにするべきなのです。

初めから曇りガラスなら、１階でもプライバシーが確保され、カーテンを閉め切って生活することがなくなります。

これなら内見者もマイナス面を感じないまま内見を終えるでしょう。
ガラスを曇りガラスにするときは、「プライバシーシート」を貼れば十分です。
高いお金をかけてガラスそのものを交換する必要はありません。
このとき、用意するアイテムはこれです。

メーカー　3M
商品名　ファサラ　ガラスフィルム　Nanoミルキーホワイト

このフィルムを貼ることで、部屋に次のような加価値をつけることができます。

・曇りガラスにすることで外からの視線を遮ってプラバシーを確保する
・台風・震災時のガラス飛散防止
・ガラス破り対策（セキュリティーアップ）
・紫外線防止効果で家具・畳の色あせを防止
・遮熱効果で空調の効きを良くして、省エネ効果もそしてポップなどを使ってこのメリットを内見者にアピールするのです。

要は隠すのではなく、**「入居者の不安をプラスに変える」**のです。

たった一枚のポップと窓にフィルムを貼るだけで、入居しやすい1階の部屋が生まれるのですから、ぜひ試してみてください。

11）和室リメイク

多くの大家さんが、コストをかけて和室から洋室へとリフォームしています。

しかし、実際にはわざわざ洋室に変えなくても、少しのコストで決め物件にすることは可能です。

和室の不人気の理由は、何となく古臭くてお洒落じゃないところ・・・。つまり、いわゆる「ダサさ」にあるので、そこをかっこよく仕上げてあげればいいのです。

ポイントは「ジャパニーズモダン」。つまり、今風のクールな和室です。

私がおすすめするのは次の4つのリフォームです。

①縁の柄を変える

畳の表変えのとき、縁の柄は自由に選べるのが通常です。追加料金なしの柄もあるの

普通の和室からの脱却で弱点が強みに！

で、少し派手かな？　と感じるくらいの縁柄を選びましょう。何も言わないと普通の縁の縁などを使われてしまうので要注意です。

②壁の一面に和柄のアクセントクロスを導入

畳の縁の色と同じカラーの壁紙をアクセントクロスとして壁の一面に張ります。

③建具をダークブラウン、またはブラッグ等の濃い色にペイント

古民家をイメージして、くたびれた木目の建具を濃い色で塗りつぶします。

④襖をデザイン性のあるものに変更

襖紙がダサイと部屋全体が古臭く感じるものです。そこで、センスの良い襖紙を取り寄せて張り替えます。または、１０００番クロスを貼ってもいいでしょう。

いかがでしょうか？　古臭い和室が、ローコストでジャパニーズモダンな印象に変わります。
お客様はかっこいい和室・狙った和室なら進んで支持してくれるものです。

12）ホスクリーン

札幌の単身者向けのアパート・マンションにはベランダがないため、入居者は洗濯物を干す場所に困っています。また、ベランダがあっても冬季は寒さが厳しく外干しができないので、部屋干しをするのが一般的です。

室内物干しは万人に大好評

部屋干し対策として、多くの入居者は室内に突っ張り棒で洗濯物を干すスペースを作ったり、カーテンレールに洗濯ハンガーをかけたりしているようです。

しかし、それでは見栄えも悪く、カーテンレールの破損や、突っ張り棒のテンションかけ過ぎによる壁の破損など、部屋を痛める原因にもなっています。

そこで、私は部屋干しをしやすくするための道具である「ホスクリーン」を各物件に設置することにしました。

こうしたちょっとした設備を大家側で用意してあげることで、入居促進に効果が見られます。特に、窓際に洗濯物を干すことが不安な女性客から、とても喜ばれます。

メーカー　川口技研
商品名　ホスクリーン

13）供用部を植物で飾る

私の体験からいうと、共用部のフラワーデコレーションは、物件の印象アップに絶大な威力を発揮します。

すでに入居いただいている方には、「華やかになった」「高級感が出た」「友達に自慢できる物件になった」と喜んでいただけますし、仲介営業マンにも「紹介しやすい」と大好評です。

しかし、多くの大家さんがそれを実行しようとしません。

それは、次の3つの点がネックになっているからと考えられます。

1、水やり等の手間
2、コスト
3、センス

北海道の冬は草花にとって大変厳しい環境です。そのため、多くの草花は越冬できずに枯れてしまいます。かといって、毎年春に新しい草花を植えるのでは手間もコストもかかります。

しかし、これは一年草ベースで考えるから起きる問題。一年草の代わりに「越冬可能な多年草」を使えば植え替えの問題は解決します。

さらに、「造花」なら、水やり・施肥の手間、日照問題、そしてコストの問

壁を活かせば設置スペースは無限

チラシ散乱防止と癒しを狙ったエントランス

季節感を演出するハロウィンデコレーション

Xmasやお正月バージョンも

題をまとめて解決できます。花壇の場合は「越冬可能な植物」＋「造花」を活用するのも一案です。

ただし、なんでもかんでも造花を飾ればいいというわけではもちろんありません。

花を飾るのに「センス」は欠かせません。センスがずれていると、かえって垢抜けない印象になってしまいます。

センスに自信がないという方におすすめなのが、フラワーコーディネーターに依頼する方法です。

コストをかけたくないなら、プロの作品をマネしましょう。例えば、グーグルで「ハンキングバスケット」と画像検索すれば、壁面を花で飾る方法の実例がいくつも出てきます。

大家の遊び心と季節感の演出としてハロウィンやクリスマス、お正月など、季節の変化や行事に合わせて、植物をデコレーションするのもおすすめです。

造花の中に芳香剤をこっそり隠して、ほんのりとお花の香りで包まれた共用部を作るのもいいでしょう。

植物のある物件は、「大家の思いやり」を感じさせます。差別化のひとつとして、ぜひ、とりいれてみてください。

6 すぐにできる簡単な物件バリューアップ術

DIYが苦手という大家さんでも、すぐにできて、効果が高いリフォーム術をお知らせします。

1）リモコン式簡易ダクトレール照明

この照明は、レール式の土台に自分で好きなライトを取り付けられる仕組みになっています。

照明の差別化が一番目立つ

ベースはレールですが、入居者は自分でペンダントライトに変更したり、ライトの数を増やしたり、電球からLEDに変更したりと、部屋のイメージに合わせて色々な変化を楽しむことが可能です。

リモコン調光機能付きタイプですと、ライトの明るさを調整できますので、照明を落とせばしっとりとした癒し空間で過ごす事も可能になります。

特別な工事などをする必要はなく、ワンタッチで取り付けられる上に、見かけもカッコいいのがこの照明の魅力です。

普通のペンダントライトをダクトレールに変えるだけで部屋の雰囲気が一変するので、試してみてください。

2）シャワーヘッドとホースの交換

シャワーヘッドの交換は、特別な道具もいらず、非常に簡単です。

築古物件などに行くと、いまだに古めかしい黒いシャワーが現役で使われていてビックリします。かなり古いものになると、ヘッドの部分にカルシュウムや水垢が白く浮き出ていて、お世辞にもキレイとはいえません。

管理会社・大家からすれば、機能的にまだ使えるから交換しなくても良いという考えなのでしょうが、お客様はそうは絶対思わないでしょう。

混合栓のメーカーを調べてからホームセンターに行けば、交換可能なシャワーヘッドとホースが入手できます。

次に現地に行ったときに、ぜひ挑戦してみてください。

3）花粉対策部屋と結露対策部屋を作る

ポレットという後付け換気口フィルターカバーをご存じですか？

誰でも簡単に設置できる換気口カバーなのですが、なんと花粉を90％も除去してくれるフィルターがついており、取り付けることで「花粉対策部屋」と謳える部屋が完成します。

また、経年劣化で黄ばみの出た換気口を隠す効果もあるので、私は自宅にもアパートにもどんどん付けています。

ポレットを物件に設置するメリットには、次のようなものがあります。

①古く黄ばんだ換気口を隠すことができる
②花粉を90％除去でき花粉対策部屋と謳える
③常時、換気口を開放するので結露を防止できる
④冬場に暖かい部屋を作ることができる
⑤コストが非常に安い

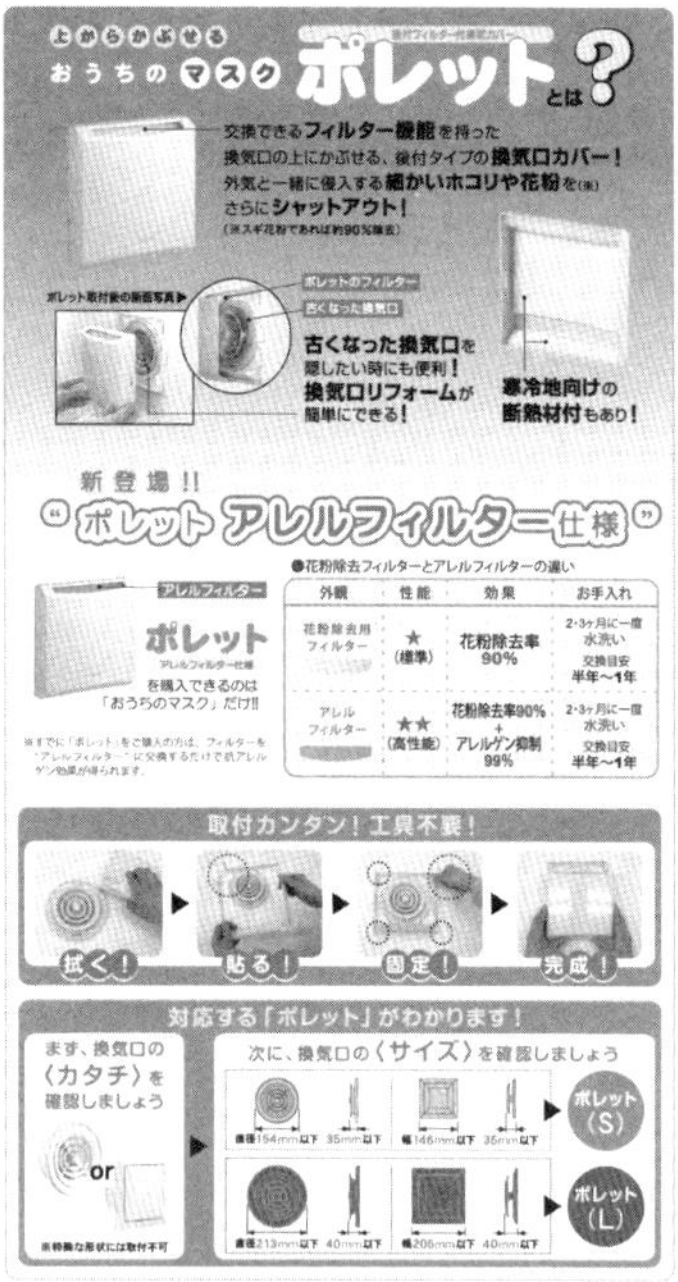

簡単に設置できる
ポレットは必須アイテム

ポレットにはSサイズ、Lサイズ、通常タイプ、断熱材付き仕様があります。
通常タイプは冬季ポレット本体が外気温との温度さで結露しますので、断熱材付き仕様を使うことをおすすめします。

メーカー　株式会社　キョーワナスタ
商品名　ポレット（断熱材付き仕様）

4）「大家からの手紙」はもう古い!? ライトな感覚のオーナーボードで入居促進

空室に「大家からの手紙」を置く大家さんは多いようです。しかし、仲介業者さんに聞くと反応はイマイチ。

入居後にアンケートなどでコミュニケーションをとるのは問題ないようですが、入居前の「重いお手紙」には、「うるさい大家」「近くに大家の存在を感じてイヤ」などという感想もあると聞きます。

その証拠に、この「大家からの手紙」を持ち帰る方は少数です。皆さん、チラ見をするのですが、それ以上は興味を持たないのです。

つまり、「大家からの手紙」は入居者サイドと大家サイドに温度差がありすぎるのです。

そのため、私は「大家からの手紙」ではなく、もっと軽い感じで大家の言葉を伝えられる「オーナーボード」を使っています。

おススメは、飲食店等で使われるメニュー用のボードです。

この方法なら、オーナーからのメッセージを確実に読んでもらえる上に、手紙のような重い印象も与えません。

いくら大家が熱い思いをしたためても、手にとってもらえなければないものと同じです。

オーナーボードに伝えたい内容を絞り込み、ライト感覚で書きこむ方が、今の時代には合っているように思います。

大家の想いを読んでもらうことで
効果がでる

第6章

仲介スタッフを味方につければ遠方投資も怖くない

1

入居者対策より重要な仲介スタッフ対策

どんなに高利回りの物件も、入居者が決まらなければ意味がありません。

そして、その入居者を連れてきてくれるのが、仲介スタッフたちです。

不動産投資、とくに遠方投資で成功するには、彼らを味方につけることが不可欠です。

そのためには、自分の物件をその他大勢の中の1室から、彼らから見た「決めやすい部屋」「決まる部屋」にすることが肝心です。


札幌のような激戦区では、委託管理会社が作った見飽きた業者用マイソクをコピーして、大家が仲介会社を「お願い行脚」でまわるだけでは、成果は期待できません。

それよりも、「どうしたら仲介スタッフが決めやすくなるか」に焦点を絞りましょう。

具体的には、忙しい彼らの行動を先回りし、彼らが「この部屋に内見者を連れ行きたい」とやる気を出すような「販促アイテム」を用意します。

1）最強の営業活動

私がいつも使っている「空室営業必殺アイテム」を紹介します。

①オリジナルの「仲介スタッフ向けマイソク」
②オリジナルの「入居見込み者向けマイソク」
③空室写真集
④近隣月極駐車場マップ（Ｐ無し物件の場合）
⑤仲介業者向けデジタルデータダウンロード用ＨＰ

これらの資料等を用意したら、次のことをします。

⑥①～⑤の資料を持って、仲介会社を必ず30社訪問。⑤のデータを材料に、各社の空室データーベースに、最新の物件画像にするよう差し替えを依頼する
⑦空室が出るたびに仲介店舗・個人営業員へ一斉メールを送信して空室をＰＲする

2）空室営業必殺5アイテムの作り方

①オリジナルの「仲介スタッフ向けマイソク」

このマイソクには、広告費やカギの所在、値引き枠、大家携帯番号、仲介スタッフへのメッセージ、ポータルサイト登録用の室内画像ダウンロードＨＰのＵＲＬなど、一般には

非公開の情報を記載します。

　仲介スタッフ用マイソクを作るときのコツは、彼らに「決めたい！」「決めやすい！」「この部屋なら行ける！」「即売上になる！」と思ってもらえるようなキャッチコピーをちりばめることです。

　ただし、あまりやりすぎると逆効果ですので、注意してください。

仲介業者向けマイソク

②オリジナルの「入居見込み者向けマイソク」
　このマイソクはエンドユーザー、つまり入居見込み者に見てもらうマイソクですので、一般募集条件と物件のアピールポイントを数多く掲載します。

　具体的には住んだときの状況がイメージできるような室内画像や、内見したくなるキャッチコピー、お得感を際立させるキャッチコピーなどを掲載します。

　マイソクを見た人に、「ここに住みたい」「一度部屋を見てみたい」と思ってもらうためには、キレイな部屋の写真が必要ですので、印刷はカラーで行います。

入居見込み者向けマイソク

また、マイソクを仲介会社に長く使ってもらうために、全てラミネート加工を施します。

ラミネート加工をしたマイソクを渡すと、高確率でカウンターに置いてもらえたり、窓に貼ってもらえたりします。紙とは違って、簡単に捨てられることもありません。

③空室写真集

「入居見込み者向けマイソク」の裏面は、空室写真集として使います。マイソクには載せきれない部屋の様子をアピールするためです。

せっかく素敵にリフォームをしてもマイソクで使える画像は2~4枚。これでは物足りません。

この写真集により、内覧希望者は内覧の疑似体験ができるため、部屋に行ってから「イメージと違った」と言われてしまうような残念な事態を防止できます。仲介スタッフから見ても、空振りの案内が減ることになるので、この写真集は好評です。

空室写真集を作るコツは、全ての画像を同サイズにしないことです。例えば、大きい画像を2カット入れて、他は小さくするなど、画像の大きさに差をつけるとかっこよく見えます。

各画像にテロップ（一言コメント）をつければさらに長所をアピールできます。

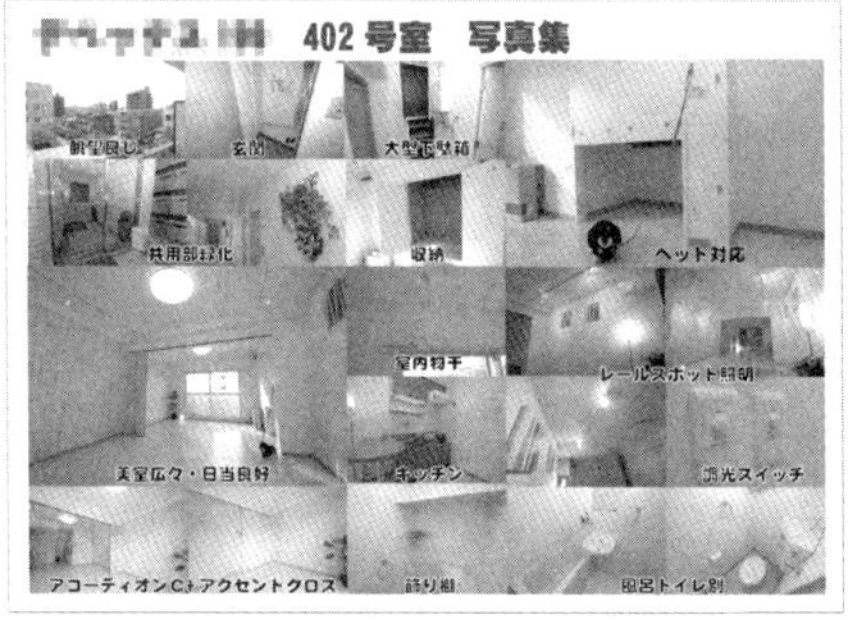

部屋の強みを強力にアピールする写真集

④周辺月極駐車場マップ

敷地内駐車場が満車の場合や、元々駐車場のない物件に役立つのが、自分の物件周辺の月極駐車場が一目でわかる「近隣月極駐車場ＭＡＰ」です。

誰ですか？　マイソクに「Ｐ空無　近隣Ｐ利用」などと書いて募集している人は？

この状態では、いくら部屋をキレイにしても、駐車場付きの部屋を探している人たちには、初期段階でふるいにかけられてしまいます。

敷地内駐車場が満車の場合、または元々駐車場のない物件の空室対策の切り札として、私が提案していること。それは、自分の物件周辺の月極駐車場が一目でわかる「近隣月極駐車場ＭＡＰ」を作成することです。

ポイントは、仲介スタッフの手をわずらわせないという点です。

「部屋＋駐車場」を探しているお客様に、「Ｐナシ物件」をすすめる仲介スタッフはいません。多忙な彼らが「Ｐナシ（もしくは満車）物件」のために、わざわざ近隣の駐車場を1件1件探して空きの確認を取る行為をすることはありません。

駐車場無し物件の必須アイテム

だったら、大家側で仲介スタッフの仕事が楽になるように、周辺月極駐車場の情報を調べてしまいましょう。それにより、彼らの仕事の効率が良くなれば、紹介のチャンスも増えるはずです。その分、成約の確率が向上するのですから、やらない手はありません。

ＭＡＰの作り方は簡単です。物件の周りを散歩しながら周辺の駐車場を調べて、地図上に書き込んだあと、それを清書するだけ。その後、完成したＭＡＰを「別紙」としてマイソクに添付して、客付けに活用してもらうのです。

例えば、ＭＡＰを使ってこんな風に客付けができます。

営業「この物件は敷地内Ｐは満車ですが、目の前に月極駐車場がありますよ」
お客「えー！　敷地内じゃないの～？」
営業「でも、向かいの道路を挟んだけですので、ほぼ敷地内と同じ感覚です」
お客「ふむふむ」
営業「しかも、敷地内より駐車代が少し安いんです」
お客「そうか、敷地内にこだわらなくてもこの物件ならいいかも」
営業「ありがとうございます♪」

ＭＡＰがなければ、このような流れは生まれないでしょう。

空室対策は部屋の設備を向上させるハード面も大切ですが、仲介業者が客付けしやすくなるようなソフト面も力をいれることが重要です。

リフォームだけやって、「これで入居促進だ!」と舞い上がる大家さんが多いのですが、リフォームが済んだだけでは、ステージをひとつ上がっただけ。勝負はまだ始まったばかりなのです。

こうした入居促進キットは1度作ってしまえば、使い回しができますから、2回目以降は楽に客付けできるでしょうし、このような「仲介業者のかゆい所にまで手を届けられる大家」は少ないので、仲介スタッフも確実に物件を覚えてくれます。

彼らの脳内SEO対策としては、最高の作戦です。

⑤仲介業者向けデジタルデータダウンロード用HP

今、多くのお客様はネットで見たい部屋の目星をつけてから店舗へやってきます。

つまり、空室はネット上でオーディションされているわけです。

そのとき、ピンボケの画像、古い画像、間違った間取り、雪の中に建つ外観画像などが登録されている状態では、とても戦えません。こうした基本的な部分は、きっちりと抑えておく必要があります。

インターネットサイトで使う写真を用意する際、普通の大家は、「おたくの会社のＨＰに載せる画像を新しいものにしたいから、撮りに行ってきて。上手に撮ってよ♪」と仲介スタッフ、または管理会社担当にお願いするのではないでしょうか？

しかし、私はそうではなく、自分で仲介業者向けのデジタルデータダウンロード用ＨＰを用意して、そこから画像をダウンロードしてもらうようにお願いします。

業者が簡単にネット登録できる環境を作る

仲介スタッフ、管理会社スタッフは忙しいので、大家が営業に来たからといって、わざわざその物件まで足を運び、写真を撮影して端末に登録するまでは、手が回らないのです。

入室のためのカギの手配、移動、撮影、端末登録のすべてを行えば、最低でも数時間はかかるでしょう。

仲介スタッフにそんな時間はありません。確実にHPに掲載してもらうには、大家側で気を利かせて事前に準備するしかないのです。

画像データに入れる写真は、部屋の魅力が伝わるように、とことんこだわります。彼らがコンパクトカメラで適当に（失礼！）撮った写真と、大家が想いを込めて何度もアングルを変えて撮影した画像では、見栄えが全く違うものです。

大家が撮った写真は、いわば「勝負写真」です。この画像を使ってもらえば、軽い気持ちで撮影した写真のライバル物件との見た目競争で、勝ちぬける可能性が高まります。

自己物件の空室写真はお見合い写真のように、最高の1枚を用意しましょう。（上手な写真の撮り方は、次の章で説明するので参考にしてみてください）

⑥訪問営業は30店舗を回る

私はどんな郊外の物件でも、30店舗訪問のノルマは崩しません。

「最寄り駅前の数店舗だけで十分」と言う大家さんもいますが、そうは思いません。

今の入居希望者はネット検索をするので、仲介店舗がどこにあるかは関係ありません。ですから、物件の近くに限らずに、たくさんの不動産会社のサイトに掲載してもらい、他エリアでも物件の認知度を増やすことが、内見につながりやすくなるのです。

私の経験でも過去に、中央区の物件を小樽市の仲介店舗が決めたり、西区の物件を環状通りの仲介店舗が決めたりといったことがありました。

営業は数です。あまりに離れたお店に訪問営業に出かけても「エリアが違うから・・・」と相手にしてもらえないこともありますが、区が違うくらいならまったく問題ありません。遠方大家でも、週末を利用すればけっこうな数を回れるはずです。物怖じせずに、ガンガン訪問営業をしましょう。

⑦空室が出たら仲介店舗・個人営業員へ一斉メールを送信して募集を依頼する

訪問して、仲介スタッフのメールアドレスを教えてもらったら、その後、空室が出るたびにメールで知らせて、客付けの募集を依頼します。

仲介スタッフたちとの信頼関係ができてくると、メール1本でスムーズに客付けまで進むことが増えてきます。

ただし、ここで注意したい点があります。

送信するなら彼らのメリットを第一に考えましょう。差別化された部屋、即決まる何かの魅力がある、お店の売上に貢献できる等、メールを読んだ相手にメリットのある情報をメールに記載することが重要です。

大家の利益だけのために、どこにでもある部屋の情報を送ることはむしろ、マイナスの印象を与えてしまいますので、気をつけてください。

2 仲介スタッフに好かれる大家、嫌われる大家

1）問い合わせ電話への返事は即答する

積極派大家として認知されてくると、仲介スタッフから直接携帯電話に着信が入るようになります。

そこで大切なのは、彼らからの電話には即行で出るということです。

発信者番号が011‐xxx‐xxxxならかなりの確率で札幌の不動産会社のはずです。その場合は、何があっても受話器をとりましょう。

また、スピーディな対応をすることも大切です。

スタッフとお客様が一緒にいて、「家賃を1000円まけてくれたら決めると言っていますが、どうしますか？」と聞かれているのに、「少し考えてから、また折り返します」なんて返事をするのは論外。

せっかくのお客さんを逃がさないように、その場で即答してください。

この時の注意点は、仲介スタッフとの話し合いで募集条件を変えた場合には、必ず管理会社の担当社に伝えるということです。それを怠ると募集情報に差が出てしまい、トラブルの原因になります。

「大家と仲介スタッフの間だけで話が進む」ことは管理会社スタッフから見ると気持ちが良いものではありません。

そのあたりの事情が配慮できないと、スタッフの信頼を得るのは難しくなってしまいます。

2）カギの受け渡しがラクにできる仕組みを用意する

不動産に限らないことですが、「相手の身になって行動すること」は、人に好かれるための基本です。

大家も例外ではありません。仲介スタッフの立場に立って、彼らが仕事をしやすくなる仕組みを作れば、その大家と物件の好感度は上がります。

例えば、仲介スタッフにとって面倒な作業であるカギの受け渡しをラクにするのも、その方法のひとつです。

具体的には、次の3つを実行するだけで、仲介スタッフが重宝して、内覧者を多く連れてきてくれるようになります。

①ドアジョイナーを用意する
②ダイヤル錠を用意し施錠する
③ドアにテプラなどで大家直通連絡先を表示させておく
※ドアジョイナーは、扉を「仮」に締めておく金具。ダイヤルナンバーを入力すればドアを開ける事ができるので、カギの受け渡しの手間が不要になる

なぜ「ドアジョイナー」+「テプラ」を導入すると良いかというと、仲介スタッフがカギの受け渡しに手間取るこ

手ぶらで内見できる空室は仲介に人気

となく、ラクに空室を訪問できる上に、現地からすぐに大家に連絡がとれるので、何かあっても困ることがないからです。

仲介スタッフから見れば、いちいちカギが保管されている場所に出向いてカギを借り、また返しに行くのはとても面倒です。こんなやり方では、3物件も見たら午前中は終わってしまうでしょう。

あなたが営業員なら、手間なしで内見できる部屋の方がありがたいはずです。

さらに、その場でお客様から家賃等の交渉が入った場合、大家に直に問い合わせできる電話番号が書いてあれば、話が早く、成約もしやすくなります。

どんな時でも安心して内見できる仕組みが、仲介スタッフの足を動かします。

この方法の注意点としては、モデルムール化している場合は、備品盗難のリスクがあるということです。不特定多数の人が出入りすることになるので、高価なインテリアなどは使わない方がいいでしょう。

※「ドアジョイナー」の詳しい情報は、インターネットで商品名を検索すると確認できます。

3）「空室」を仲介スタッフのせいにしない

仲介スタッフに嫌われる大家の代表が、何の工夫もない普通の部屋を「とにかく決めてくれ」と言ってゴリ押しする大家さんです。これでは、押し売りと一緒です。

そういう大家さんに対して、仲介スタッフは、「決めてくれ！ 決めてくれ！」と毎週やってきて営業するパワーがあるなら、物件の魅力を上げることに尽力してほしいと心の奥で思っています。

仲介スタッフに無理なお願いをする前に、「商品」である空室を内覧者から見て魅力的な物件に仕上げることが大切です。

その上で、客付けしやすい仕組みを作り、仲介スタッフに協力を求めるのが正しい道筋といえます。

パワーを使う方向を間違うＫＹ（空気の読めない）大家さんにならないように注意しましょう。

3 仲介スタッフにやる気を出してもらう方法

1）内見が増える名刺活用術

ここからは、仲介スタッフにやる気を出してもらうための工夫を紹介します。

一つ目の工夫は、名刺の裏面を使う方法です。簡単な工夫で、入居促進効果が持続する効果が期待できます。

やり方は簡単。

大家名刺の裏面を「営業謝礼チケット」として活用するのです。

具体的には、「空室を埋めていただけたら、絶対に営業謝礼を差し上げます」と名刺の裏に明確に表記し、それを保証します。

大家名刺の裏を利用して営業謝礼チケットにすると、こんなメリットがあります。

①仲介スタッフのモチベーションが上がる
②名刺を保管してくれる
③他の所有物件の空室にも積極的に営業をかけてくれる
④仲介スタッフから電話がかかってくることが確実に多くなる！

この結果、所有物件の内見数が増えていきます。

この名刺を使うときに、重要なポイントがあります。

それは、「がんばって埋めてくれた仲介スタッフに、確実に謝礼を渡す方法を示す」ということです。


仲介店舗の中には、会社の方針で営業謝礼は全て広告費として計上されるところもあります。

そうした仲介会社の場合は、管理会社経由で広告費と謝礼を合算送金した時点で、アウト！　残念ながら謝礼が仲介スタッフの手に直接、渡ることはありません。

あなたは「謝礼を支払った」と思っていても、実際は仲介スタッフに回っておらず「死銭」になっている場合もあるのです。

これを回避するポイントとして、進呈方法をあらかじめ明記しておくことが大切です。例えば、以下のような文面を入れます。

※営業謝礼チケット裏面

所有物件
1.ローズガーデン札幌R
札幌市東区xxxxxxxx
2.手稲ヒルズA
札幌市手稲区xxxxxxxxx
3.円山パークマンション
札幌市中央区xxxxxxxx
上記物件の客付けに成功した場合、営業謝礼として＿＿＿＿を直接手渡しで進呈することを保証します。
※謝礼は大家独自で行っており領収書は不要。成約後、必ず電話にて申告してください。
大家　札幌太郎　　携帯　090-1234-xxxx

一番最後の、**謝礼を手渡しする**という点に注目してください。

このように、仲介業者の内情を考慮した謝礼方法を提示すれば、仲介業者は「わかっている大家さん」「色々配慮してくれる大家さん」と好印象を持ってくれるでしょう。

逆に、何も知らないで、彼らの懐に謝礼が入らない方法を示したまま、「営業謝礼をはずみますよ♪」と言っているようだと、「気の利かない大家」と思われるでしょう。

遠方投資家さんで直接進呈が無理な場合、成約後に電話で送金先を教えてもらうといいでしょう。

現金支給に抵抗がある大家さん、領収書が欲しい大家さんは商品券などを直接送ってもいいですね。これなら金券ショップから領収書を回収できます。

名刺への工夫としては、これ以外に、自分の顔写真と物件画像を入れて、「顔の見える大家」を目指すのもオススメです。

激戦区の客付けは、管理会社にまかせるのではなく、大家が手足を使って、仲介スタッフたちとご縁を作っていくことが大切です。

一度決めてくれた仲介スタッフは、再度決めてくれる確率も高まりますし、一度繋がりを持てば、次の空室営業時にもお願いしやすくなります。

・簡単に名刺を作る方法

補足情報として、簡単に名刺を作成する方法を紹介します。

エーワンの名刺カードとラベル屋さんＨＯＭＥを使えば誰でも簡単に大家名刺を作れます。ぜひチャレンジしてみてください。

●エーワン　名刺用紙いろいろ
http://www.a-one.co.jp/product/card/

●無料ラベル作成ソフト「ラベル屋さんＨＯＭＥ」
http://www.labelyasan.com/home/gallery/

このＨＰ上にある「テンプレートギャラリー」から好みのデザインを流用すれば簡単に作成できます。

2）仲介スタッフが提案した空室対策のアイディアを実践する

仲介スタッフに自分の物件の優先順位を上げてもらうために一番大切なこと。それは、相手との信頼関係を築くことです。

「なんだ、当たり前のことを」と思わないでください。

約束を守る。時間を守る。上から目線で話さない。押しつけがましい言い方をしない。無理を言わない。

そんな基本的なことができない大家さんが、意外と多いのです。

彼らは、自分たちのことを「使用人」のように扱う大家さんと、「パートナー」として扱ってくれる大家さんを、きちんと見分けています。

大家が自分のことを「パートナー」と認めてくれている場合にだけ、彼らもこちらを「パートナー」として認めます。

彼らは、パートナーではない大家には、「はい！　頑張ります！」と一言いうだけで、実際には何もしようとしません。

最前線に立ってお客さんを連れて来てくれるのは、他でもない仲介スタッフです。

彼らを自分の賃貸経営のパートナーとして、上下関係のないチームの一員として接しましょう。

その上で、「あの空室、どうすれば決まると思う？」と助言を求めてみましょう。

きっと、色々なアドバイスをくれるはずです。

中には大家にとって、耳の痛い内容もあるでしょう。しかし、そこでは反論をせずに、最後まで話を聞いて、全てメモします。

そして一端、家に帰ってから、彼らが出したアドバイスの中で実現可能な物はないかを検討し、実現可能な内容を見つけたら、すぐに実践します。

例えば、「温水洗浄便座があるといいですよ」とアドバイスを受けたとしたら、実際に取付けるのです。（もちろん、無理難題をこなす必要はありません）。

その後、その仲介スタッフに前回聞いたアドバイスをきちんと実行した事を報告します。

仲介スタッフのアドバイスを聞いて、それを行動に移す大家さんは多くありません。

そのため、ほとんどの仲介スタッフが喜んでくれますし、「自分の意見が通った部屋」

という意識から、その部屋に愛着を持ってくれます。

そして、自分のアドバイスが正しいことを証明するためにも、「何としても埋めねば」と、今まで以上に頑張ってくれるのです。


ただし、このやり方は、「広告費を上げましょう」「家賃を下げましょう」「差別化しても無駄」などと否定的な意見ばかり言う仲介スタッフには通用しません。

前向きに仕事をしている仲介スタッフ限定で効果がありますので、相手を選んで試してみてください。

3）管理会社の担当者にやる気を出してもらう方法

自分のアイディアが採用されて嬉しいのは、仲介スタッフだけではありません。

管理会社のスタッフも同じように、自分の空室対策のアイディアを試してみたいと思っていますし、それが採用されれば喜びます。


管理会社に、やる気のありそうなスタッフがいたら、

「差別化リフォームをしたいんだけど、ｘｘｘ君に任せるから、好きなようにやってみて

よ。予算は××万円位でお願いするよ」

と言ってみましょう。

このとき、「その代わり、すぐに埋めてね」「埋まらなかったら責任を取ってくれよ」などと、プレッシャーをかけてはいけません。

心配しなくても、自分の手がけた部屋ですから、がんばって埋めてくれます。

やる気のある管理会社のスタッフは、自分で考えた空室対策を実行したいと考えているものです。

しかし、彼らは大家ではないので、それを試せる部屋がありません。

だからといって、「僕にいいアイディアがあるので、空室対策を任せてみてもらえませんか？」と自分から手を挙げて埋まらなければ、責任を追及されてしまうかもと、やる気が委縮してしまい、現実には何もできずにいるのです。

そんな状態のとき、大家から「好きなようにやってみて」と言われれば、めちゃくちゃ張り切るのが普通です。

リフォーム後は、自分のメンツを保つためにも、その部屋を最優先で営業してくれることは間違いありません。

その結果、無事に早期契約となれば、そのスタッフは他の大家さんに、空室対策の成功実例として紹介できる訳です。

こうして自分自身のスキルアップにつながる行為、成功経験のきっかけをくれる大家さんなら大好きになることでしょう。

4）飲み会を開いたら帰りの車代を忘れずに

原始的な方法ですが、入居者をつけてくれた仲介スタッフや、協力的な姿勢を見せてくれるスタッフにちょっと豪華な料理をご馳走するのも、効果があります。

遠方大家さんなら現地に出かけるたびに、いつも協力してくれるパートナーを誘って、飲み会を開くといいでしょう。

このときに忘れてはいけないのが、解散時に帰りの車代として数千円を渡すことです。

地方では車通勤が普通ですし、公共の交通も東京ほど便利ではないので、仲介スタッフたちも、飲み会の席に車でやって来ることが珍しくありません。

そして、車で来たメンバーは、飲み会から帰宅するとき、タクシーか代行業者を使うことになります。

そのお金が自腹だった場合は、「この大家さん、おごってくれるのはありがたいけど、結局、タクシー代が高くついちゃったよ」と思われてしまうかもしれません。それでは、せっかくの親睦会効果が半減してしまいます。

数千円のコストで「あの大家さんの誘いなら絶対行きたい！」と思ってもらえるなら、安いものです。帰りの車代は経費と割り切って渡しましょう。

また、飲み会の席では、対等な立場で接することも大事です。

上から目線でプレッシャーをかけたり、愚痴をぶつけるようでは、親睦のための飲み会が、逆効果になってしまうので注意してください。

第7章

インターネットでの募集画像が内見数を左右する

1 最初のオーディションはパソコンの画面上で行われている

今は、ネットで空室を探す時代です。

お客さんは、不動産会社に足を運ぶ前に、詳しく知りたい物件に目星をつけています。

オーディションは、パソコンの画面上で行われていることを、大家はもっと自覚しなければいけません。

どんなにいい物件でも、誰にも存在を知られないままでは、空室は永遠に空室のままでしょう。


空室があるときに必ず行いたいのは、自分の空室が大手のポータルサイト上に、正しい情報とともに掲載されているかということです。

どこを見ても自分の物件が載っていないのなら、管理会社に後回しにされているのかもしれません。担当者にすぐに問い合わせをしてみましょう。

ただし、大手の部屋探しサイトには登録費料（使用料）がかかるため、大家側が管理会社や仲介会社に掲載を強制することはできません。

仲介会社には「大手の部屋探しサイトはどこを使っていますか？」と確認してから、そこにきちんと載せてもらえるか（登録可能）を確認してみてください。

大手の部屋探しサイトだけでなく、ほとんどの管理会社や仲介会社が自社のサイトに載せている空室検索ページを確認することも大切です。

自分の物件が掲載されているか、掲載内容に間違いはないかを見てみてください。よく見ると、小さなミスがあることもしょっちゅうです。

真南向きの部屋なのに、ネット上では北向きに登録されている等は、珍しくありません。このようなミスが、内見者数に大きな影響を及ぼすこともあります。

登録するスタッフも人間ですし、彼らにとっては多くの空室の中の一つですから、多少の間違いが出るのは仕方ありません。

ここは、大家が目を光らせてチェックし、ミスがあればすぐに修正してもらいましょう。

2

サイト上の画像が内覧者の数を左右する

このとき、家賃等の情報と同じか、それ以上に気にしてほしいことがあります。

それは、サイトに掲載されている写真です。

私は多くの大家さんが、ネット上に使われている物件画像にあまり関心を持っていないことに、いつも驚きます。

しつこいようですが、最初のオーディションはパソコンの画面上で行われているのです。

ライバル物件に差をつけるためには、こだわり抜いた写真を掲載することが不可欠。

きちんと撮影された物件画像は、くすんだ写真の溢れたネット上でピカリと光り、まだ見ぬ入居見込み者の方へ、物件の良さをアピールしてくれます。

現時点では、ハード面での空室対策を施す大家さんは多くいますが、ソフト面まで気にしている大家さんはあまり多くありません。

しかし、今後は「お見合い写真」のような「勝負室内画像」をネットに掲載する大家さ

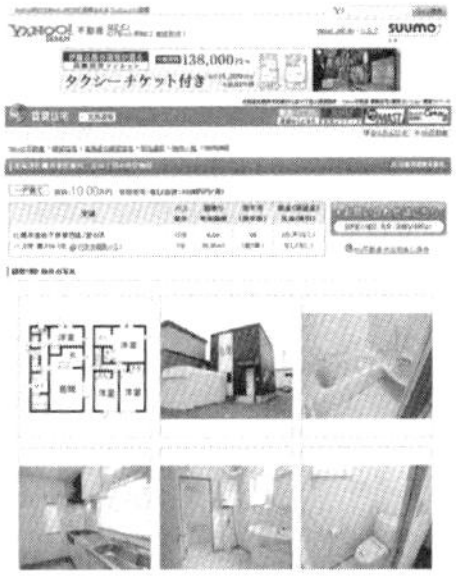

ネット掲載は非常に重要

満室経営はネット掲載の徹底から

んが増えてくるのは間違いないはずです。

こだわりぬいて撮影した写真は必ず、成約のきっかけになります。

数多くのクライアント物件の勝負写真を撮影してきた私が保証するのですから、間違いありません。

1）雪国では暖かさを感じる写真を使う

雪国の札幌では、1年の多くが雪に覆われます。

降雪の季節でも引越しは行われるわけですが、ここで注意したいことがあります。

それは、**北海道の人々は冬の寒さを知っているので、少しでも暖かい部屋に住みたがる**ということです。

まぁ、当たり前ですよね。冬の外気は毎日氷点下です。

暖房費節約のためにも熱効率の良い部屋や暖かい部屋を求

寒々しいイメージを受ける

青空で影が出ない最高の時間帯に撮影

めるのは、当然です。

ところが、お部屋探しサイトを見ると、インターネットの物件画像に真冬の画像を使っている業者（大家さん）が多くいます。

大切なネット用物件画像に「雪が積もっている写真」「雨が降っている写真」「建設途中の写真」を使っているのは、なぜなのでしょう？

物件外観画像と言えば「お見合い写真」並に重要なのに、そんな寒々とした写真で客付けしようとしている物件が多数あるのは不思議です。

同じ物件でも雪が沢山見えると寒々しい感じが出てしまいクリック率が確実に落ちます。

どう考えてもニセコの森の中で暖炉があるような別荘ではありませんから、物件外観に雪が積もっていてはイメージダウンです。

それなのに、その状況を直そうともせず、「部屋が埋まらないのはなぜでしょう？」と質問される大家さんが多くいます。中には、真夏にもかかわらず、冬場に撮影された雪だらけの写真を使っているケースもあります。

それでは、決まるものも決まりません。

管理会社や仲介スタッフに、物件写真の撮影や選択をまかせきりにしている限り、このような状況は変わりません。

かといって数ある大家の中の一人でしかないあなたが怒り心頭で「物件画像を替えろ！」「雪が映っているじゃないか！」と怒るのも無意味です。（専任広告の場合は別）

彼らも忙しいので、わざわざ晴天の日に現場まで撮影に行き、画像の差し替えをする暇があるわけがないのです。どうしても他の業務活動の後回しになってしまいます。

ですから、空室対策に苦労されている大家さんには、ネット用物件画像を業者任せにせず自分で用意することをオススメします。

何も考えず撮影した場合

青空で日差しが作る影が日当の良さを表現

大家側で動かないと、だらだらと「ダメ画像」を使われることになります。

今、自分の空室の写真にダメ画像が使われているなら、すぐに差し替えましょう。

画像は文字情報よりも見る人に強い印象を与えます。

部屋の中がいくらキレイでも、物件の外に雪が積もっている物件写真を見れば、見た人は「寒さ」を連想しますし、曇り空バックの物件では「日当りの悪さ」を連想します。（北海道では日当りが悪い＝冬は寒い）

モノクロ画像でわかりにくいと思いますが、２枚の写真のうち下の画像では、青空がバックで、壁には日当たりのよさを感じさせる壁の影がクッキリと映っています。このようなちょっとした違いが、物件への印象に大きな差をつけます。

ライバル物件が夏のスカッと抜ける青空をバックにした物件で募集をかける。

自分の物件は冬のどんよりとした雲をバックに雪が映った物件画像で募集をかける。

この競争の結果は明白です。


札幌の客付け業者の方々はこう言います。

「夏の天気の良い日に物件画像を撮れ」

「そして冬に備えろ！」


そうです。

北海道は約半年間は雪の影響があり、広告用の物件外観写真を撮れないのです。

ですから、撮影は夏場が勝負なのです。

冬季の客付けに有利になるように、たとえ夏季に満室でも、冬のために天気の良い時を狙って物件画像を撮影しておけば、その画像はお客様を呼ぶ財産になります。

こうした準備をしている大家さんとしない大家さんでは、可動率に大きな差が生まれるのは明らかです。

3

オーディションで勝つ！　勝負写真を撮影する方法

前に述べたように、ネットユーザーの反応率を上げるためには、勝負写真が必要です。空室をキレイに、少しでも広く見せることで、内見率がアップします。

おススメは大家自身が空室を上手に撮影することですが、それが無理ならプロに撮影を依頼して、管理会社、仲介店舗に使ってもらいましょう。

自分で撮影すれば、日当りの良い部屋なら日中、東向きの物件なら午前中、西向きの物件なら午後というように、太陽の位置を考えてベストな撮影時間を選ぶことができます。そのような工夫が、部屋の印象をよくして、内見希望者を連れてくるのです。

次からは、部屋の印象を最高クラスまで高める写真の撮影方法を紹介します。

1）大家なら室内撮影に強いカメラを選ぶ

①画素数にこだわらない

ネット掲載用の室内画像は高画質である必要はありません。高画質ですと、むしろ添付メールで送りづらくなってしまいます。私は最大1600万画素で撮影できるカメラを使っていますが、いつも最低の200万画素で撮影しています。

②ポイントは広角撮影が可能かどうか

できるだけ広角撮影に強い機種を探しましょう。焦点距離が小さいほどお部屋を広く撮影できて、客付けに有利になります。（焦点距離については後で説明します）

③明るいレンズを選ぶ（一眼レフの場合）

一眼レフの場合は、広角レンズの中でも「F値（開放F値）が小さい」ものを選ぶと、薄暗い部屋での撮影に強くなります。

2）ベストはデジタル一眼レフカメラ

空室の画像を撮るならおススメは、デジタル一眼レフカメラです（理由は次の項目で説明します)。

私がみなさんにおススメする「一番安く室内を広く撮影できる」買い方は次の通りです。

そこそこの一眼レフ ＋ 超広角レンズ

賃貸経営に使う写真は**「広角撮影能力」**が命。画素数やHD撮影やズーム機能は関係ありません。機種最高機能の高額な物は必要ありません。なんなら本体、レンズとも中古だってOKです。

ちなみに魚眼レンズは歪みが如実に出てしまうので、避けた方がいいでしょう。

3) 肝心なのは本体性能よりもレンズ

一眼レフカメラの一番の利点は、本体はそのままに、広角レンズ(広範囲撮影用)、マクロレンズ(接写用)、望遠レンズ(遠くを撮影)など用途に応じたレンズを使い分けられることです。

室内撮影でのメインになるのは広角レンズですが、同じ広角レンズにも色々な種類があります。

A）広角単焦点レンズ
焦点距離が決まっているのでズームできないレンズ

B）広角ズームレンズ
10ｍｍ-24ｍｍスペックのレンズなら10ｍｍ-24ｍｍ間で画角変更（ズーム—ワイド）できるレンズ

ちなみに私はBの自由度の高い広角ズームレンズ10ｍｍ-24ｍｍを使用しています。ズームレンズは、トイレや浴室など狭い場所でもファインダー内に上手に収めることができるので便利なのです。

室内撮影の場合、レンズ性能が1ｍｍ違うだけで画像から受ける広さ感に大きな違いが出ます。ですから、**カメラ本体よりもレンズにお金をかけましょう。**

4）広角レンズの凄さ～焦点距離のお話～

広角レンズとは一般的に28ｍｍ以下の焦点距離（35ｍｍ換算値で）を持つレンズのことをいいます。この数字が小さければ小さいほど広角となり、撮影できる範囲が広くなるわけです。

例えばこの2つのコンパクトカメラでは、機種によって以下のような焦点距離が記されています。

・機種A） 焦点距離24mm‐80mm

・機種B） 焦点距離34mm‐120mm

この場合は、24mmで撮影できるAのカメラの方が広角撮影に向いています。コンパクトカメラを賃貸経営に生かすなら、カタログの焦点距離が小さな値になっているカメラを選ぶと良いでしょう。

5） レンズごとにこんなに違う撮影結果

三脚を使用して定点撮影した写真を見比べてみましょう。

●10mmで撮影（上の写真）

奥行きが感じられ広々感が良く表現されています。

●24mmで撮影（真ん中の写真）

手前の部屋の部分がほとんど写っていません。6帖間ですと撮影時に苦労しそうです。

●50mmで撮影（下の写真）

先の2枚と同じ位置から撮影しているのに、部屋の一部しか写っていません。室内撮影では、50mm以上は使い物にならないということです。

10mmで撮影

24mmで撮影

50mmで撮影

この3枚を比べると、レンズの焦点距離でお部屋の広さ感が大きく変わることをわかっていただけると思います。大切なのでもう一度。**「大家カメラは広角命！」**です。

6）低い位置から撮影すると広く見える

リビングを撮るとき、突っ立ったまま撮影していませんか？

私はいつも、床から約1ｍほどの高さで撮影しています。ちょうど床に座る感じで撮影するのですが、天井が高く見えて、奥行きも感じられる画像を撮ることができるのです。

室内撮影はローアングルが基本です。

7）正面から撮影しない

狭い室内での撮影では可能な限り部屋の隅から撮影しましょう。

正面から撮影すると奥行きが出にくく、かっこ悪い画像になりがちです。

ぜひとも部屋の隅から、対角線上に撮影しましょう。

部屋によってはクローゼットの中に入り込んで撮影するなど、少しでも距離を稼ぐ事も広く見せるテクニックの1つですので覚えておいてください。

8）物件外観も2面撮影

物件外観も可能な限り斜め2面撮影を心がけましょう。両脇ギリギリに建物がある場合でも、斜め撮影の基本を守ってみてください。

その際、物件隣の邪魔な建物はないものと自分の頭の中でイメージして、アングルを変えて数カット撮影するといいでしょう。

例えば左右がピチピチに接している場合でも正面からより、2面撮影（斜め）するつもりで撮った方が、かっこよく見えます。

撮影後は思い切って余計な部分などを切り取ってしまっても問題ありません。

肝心なのはイメージです！

このほか、光の取り入れ具合など、上手な写真を撮影するコツは多くあります。しかし、その前にまずはここで紹介したポイントを抑えて、物件の魅力を伝えられる写真を撮ることを目指してみてください。

写真を差し替えた途端に反響が増えることもよくあります。

私たち大家が思う以上に、お部屋を探している人たちは、本当にサイト上の情報や写真をよく見ているのです。

第8章

”4P+1P戦略“を取り入れ満室経営を目指す

1

満室を「維持」するための仕組みを作る

遠方大家でも、自分が経営に参加する意識を持ち、これまでに紹介した空室対策を実践していけば、空室等の問題はひとつずつ解決に向かうはずです。

しかし、満室経営を目指す大家の挑戦に終わりはありません！

不動産投資は、ロングタームの投資です。

長く勝ち続けるためには、満室経営の基礎となる「戦略」であり、問題が生じてもそこに立ち戻れば大丈夫という「軸」を持つことが大切です。

私はそのために、自分の賃貸経営において、マーケティング界におけるもっとも有名で効果のある4P戦略、「商品戦略（Product）」、「価格戦略（Price）」、「流通戦略（Place）」、「プロモーション戦略（Promotion）」に、「物件巡回戦略（Patrol）」を加えた〝4P＋1P戦略〟を実践しています。

・商品戦略（Ｐｒｏｄｕｃｔ）
・価格戦略（Ｐｒｉｃｅ）
・流通戦略（Ｐｌａｃｅ）
・プロモーション戦略（Ｐｒｏｍｏｔｉｏｎ）
＋
・物件巡回戦略（Ｐａｔｒｏｌ）

市況の変化、建物の老朽化、入居者の入れ替わり、管理会社や仲介会社のスタッフの異動など、賃貸経営をとりまく環境は常に変化し続けています。

その中でコンスタントに空室を埋めて、楽しく遠方投資を続けていくためには、「満室になる仕組み」を一度作ったあと、いかに維持していくかが重要です。

この基本を常に意識することで、漠然とした不安に悩まされることなく、自分が今、何をするべきかが見えてきます。

次からは、”４Ｐ＋１Ｐ戦略“について、詳しく紹介します。

1）差別化された部屋　製品戦略（Ｐｒｏｄｕｃｔ）

ひとつ目のポイントは、製品戦略です。

自分の物件に差別化対策を施し、ライバル物件との競争力を高めるために、どのような部屋（商品）・質の良い住環境を創り上げていけばいいかを考えます。

そのために、どの層のお客様を入居ターゲットとするか、そこにはどういったニーズがあるのかを予想し、求められる価値を提供する方法を決めていきます。


ここで重要なのは、入居者がお得感を感じられる「価値ある価格」を創るということです。前に紹介したオリジナルのリフォームや、無料で壁紙を選んでもらえるサービスの導入等は、この部分に当たります。

お客様の中には、「家賃が同じなら、どの部屋も似たようなものだろう」というイメージがあります。

その思い込みをいい意味で裏切り、「同じ家賃なのにこの部屋は他の部屋と違う」と思ってもらえる部屋を提供しましょう。

激戦区では、何もしなければ築年数とともに家賃は下がり、空室は増えていきます。

収益を上げ続けるためには、不可欠な戦略です。

2）価格戦略（Price）

同じ部屋でも、家賃の価格設定によって、入居者の受ける印象は変化します。その結果、入居率・退去率・収益に影響が出てきます。

自分が手をかけた部屋には少しでも高い家賃を設定したいのが大家の正直な気持ちです。しかし、相場観や客観的な視点を欠いたまま、家賃を決めるのはキケンです。

そこは冷静になって、次のような方法で適正家賃を定めていきましょう。

①インターネットデータ＋感覚法
↓インターネットの各ポータルサイトで競合物件の情報を抽出し、間取、広さ、築年数、駅までの距離、駐車場の価格等を比較して、自分の感覚で適正価格を予測する方法

②インターネットデータ＋計算法
↓インターネットで抽出した情報から、「家賃＋管理費」の合計を㎡数で割った数値を出して、そこから適正価格を予測する方法

③仲介業者へのヒアリング法
↓物件の最寄りの仲介店舗数店に直接電話でヒアリングをして、生の相場感を調査することで適正価格を予測する方法
④管理会社へのヒアリング法
↓管理会社の担当者へ問い合わせる方法

実際には、これらをミックスした上で、家賃を設定していきます。

家賃価格は本来、消費者である「入居者」が高いか安いかを判断するものです。

しかし、多くの場合、仲介業者の価値観によって「高い・安い」と相場付けされることになり、彼らの意識が内見者の価格観にも影響を及ぼします。

ですから、空室を埋める際には、「価格戦略」単体で攻めるのではなく、仲介スタッフへのアピール等を含めた多角的な方法で進めることが大切です。

3）流通戦略（Ｐｌａｃｅ）

空室が発生したあと、いかに短時間で原状回復と差別化リフォームの提案・施工をして募集を開始できるかが、機会損失を最小限に抑えるポイントです。

これには、管理会社の協力が必要になってきます。

すでに述べたように、遠方投資ではとくに、どの管理会社をパートナーに選ぶか重要になってきます。

ひとくちに管理会社といっても、管理に強い会社、客付けに強い会社、売買に強い会社、リフォームに強い会社、ネットに強い会社、区分に強い会社、一棟物に強いなど会社など、様々な個性がありますから、その中から自分に合った会社を選ばなければいけません。

遠方投資でとくに大切になるのは、「空室情報をどのようなルートでどのくらい多くの入居者に伝えることができるか」という点です。

部屋（商品）の差別化項目や入居サービスなど、ターゲットとする入居者に合わせた最新の物件情報をスピーディに、そして正確により多くの仲介業者に情報流通できる管理会社を選びましょう。

場合によっては、管理会社を変えることも必要です。

4）プロモーション戦略（Ｐｒｏｍｏｔｉｏｎ）

プロモーション戦略とは、入居者への空室（商品）・サービスの宣伝・告知を促進するための作戦のことです。

このプロモーション戦略は、遠方大家さんが最も苦手とする部分といえるでしょう。多くの大家さんが全てのＰＲ活動は管理会社が行うものと考えているようですが、それではダメなのです。

成功している大家さんの共通点は、大家さん自らがＰＲ活動をしている点です。現地の管理会社のスタッフに任せているだけでは、手塩をかけてリフォームした物件も、多くの空室情報の中に埋もれてしまいます。

私は6章で説明した通り、次のようなプロモーション活動を行い、強力な入居促進を行っています。

仲介業者とのコミュニケーションと訪問営業以外は、物件から遠く離れていてもできることばかりです。

・オリジナル「入居見込み者向けマイソク」の作成

・オリジナル「仲介スタッフ向けマイソク」の作成
・仲介業者向けデジタルデータダウンロード用HP作成
・空室写真集の作成
・室内画像のデジタルデータ配布
・大手不動産仲介業ポータルサイトへの登録画像の入稿・差し換え
・仲介業者スタッフとのコミュニケーション
・訪問営業
・管理会社・仲介会社が成約しやすい環境を整える

不動産賃貸業では、実際に営業活動する人（仲介業者スタッフ）が入居者と直接接触します。ですから、できるだけ多くの仲介業者スタッフに自分の空室情報とその詳細を知ってもらうことが大切です。

そのためには、仲介スタッフとのコミュニケーションが重要になりますので、空室が出たときは現地に出張して、彼らと直接話し合う機会を持ちましょう。

空室がないときも、定期的に飲み会などの懇親の機会を設けることができれば、理想的です。

管理会社側でももちろん情報は流してくれますが、管理会社は組織的にシステム業務を行っていますから、自分だけが特別扱いされることはまずないと考えてください。

5）物件巡回戦略（Ｐａｔｒｏｌ）

前に述べた「４Ｐ活動」は満室経営の基本です。

しかし、遠方投資ではそれだけでは不十分です。

なぜなら、遠方投資ではこれ以外に、「適切な物件管理」を維持するための工夫が必要だからです。

空室率が高く、定着率が低い物件には、必ず何らかの原因があります。

「管理会社がしっかり働いてくれない」と文句を言うのは簡単ですが、それでは何も解決しません。


すべての責任は、現場の状況を理解しようとせず、「管理費を払っているんだから、すべて任せておけば大丈夫だろう」と考える大家にあります。

極論をいえば、管理会社のスタッフも、仲介業者のスタッフも、見ず知らずの大家さんであるあなたの物件に空室があっても、一向に困りません。

あなたの物件が空室だらけでも彼らのお給料は出ますし、空室が増えてあなたがローンを払えなくなっても、彼らの生活にはなにも関係ないのです。

空室の問題はあくまでも大家側の問題です。

最高責任者である大家が物件のリアルな「今」を把握し、現状を見て、仲介店舗が入居付けしやすい環境を作るべきです。

とはいえ、遠方大家は、地元大家のようにこまめに物件を訪問して、問題を処理していくわけにはいきません。

そんなときは、前に述べたように、同じ地域に物件を持つ大家仲間や、地元の知り合い等に協力を依頼して、現場の状況を知らせてもらいましょう。

ポイントは、中立的な立場で、かつ不動産投資のことをわかっている人にお願いすることです。

それが管理会社寄りの人間なら、巡回報告にフィルターがかかってしまいます。

かといって、不動産投資に詳しくない普通の人が巡回して撮影しても、ポイントのずれた報告になってしまうでしょう。

「現場を把握する」。たったこれだけのことで、それまで見えなかった自分の物件の弱点が見えてきます。

「物件情報を制すものは満室経営を制す」のです。物件巡回で物件把握から始めて、物件の問題点をあぶりだし守りを固めましょう。

物件巡回戦略でそれまでわからなかった弱点が把握できたら、あとは4P戦略対策を練っていくことで、4P+1P戦略は完成します。

おわりに

私は、私が愛している札幌に不動産投資してくれる札幌贔屓（びいき）の大家さんが大好きです。

地域に限らず、なんとか努力して収支を安定させたいと思っている積極大家さんも大好きです。

昔のように、建てたら埋まる時代は既に終わりました。

変化の激しいこの時代に、何もしないで満室を願うだけでは、生き残りは難しいでしょう。何とか努力をしてぜひ経営スタンスの進化に成功していただきたいと思います。

この本を読んでいただいた方に感謝の気持ちを込めて、伝えたいことがあります。

・この本に書かれていることを1つでもいいので、ぜひ実践してみてください。

・エリアや物件の違いはあると思いますが、自分なりに応用してみてください。

・ぜひ経営に参加してください。

何らかのアクションを起こさない限り、何も変わりません。何も動きません。
それは、遠方大家として、空室に悩んだ経験がある私が痛いほど実感した真実です。

私は札幌に移住後、大家業のかたわら、積極的に経営に参加される大家さんをサポートするための不動産巡回報告サービスを始めました。
これは専任スタッフが遠方大家さんの分身として大家目線でアパート・マンションの様子を巡回撮影し、大家さんに直接報告するサービスで、一切のフィルターが掛っていない現場の状況を、自宅に居ながら確認できる日本初のサービスです。

報告ネット「http://www.houkoku.net/」

遠方大家さんの
「目」として管理状況を大家目線で巡回報告。
「手」として差別化リフォームや各種空室対策の提案。

「足」として攻めの代理営業活動。

遠方大家を強力にサポートする。それがモットーです。

この本で紹介した空室対策術は、私の物件はもちろん、多くの遠方大家さんの物件に導入して、その効果を確認しているものです。一度でも実践してもらえれば、手応えが得られるはずです。

最後に、文才のない私に色々とアドバイスをしてくださった、ライターの加藤浩子さん、ありがとうございました。

ごま書房新社編集部の大熊さん、本書を書かせて頂く機会を作ってくださいましてありがとうございました。

大阪、長崎の賃貸情報や出版についての様々なアドバイスをくれた脇田雄太さん、ありがとうございました。

２００７年いきなり札幌に移住しても文句も言わず、応援し続けてくれている妻、恵理子には感謝の気持ちでいっぱいです。

そしてこの本を手にとって、最後まで読んで頂いた皆さま、本当にありがとうございました。

では、「遠方物件への不動産投資」という勇気ある決断をした皆さんが、大家業を楽しみ、経営的にも成功していけることを心より願っております。

山岡清利

2014年2月

著者略歴

山岡　清利（やまおか　きよとし）

1971年栃木県生まれ。高校卒業後に上京し、日本最大の警備会社に就職。25歳で独立の夢を果たすべく25歳の誕生日に辞表を提出し、雑誌を読んで将来性を感じたWEB運営会社を起業。学力0、知識0、コネ0、資金0の状態から始め、数年で年商1億円以上の企業に成長させる。

15歳の時TVドラマの「北の国から」を見て北海道に憧れを持ち、移住するための方法を探す中で不動産投資に出会い、続けざまに札幌に4棟のアパートを取得する。

しかし、札幌の物件を管理する遠距離投資の難しさを実感し、2007年に会社を売却、予定を早めて札幌へ。在住後は東京で学んだ空室対策術を実践し、満室経営を実現している。

現在は、激戦区札幌で培った空室対策術を全国で応用する「報告ネット」(満室研究所）の運営を通じて、主に関東圏に住む遠方大家さんを支援。セミナー講師としても人気が高く、全国から講演の依頼が殺到している。

その生き様と圧倒的な空室対策術が注目され、地元北海道TVからドキュメント番組の依頼、北海道新聞からインタビューなど、マスコミからの注目度も高い。

・報告ネット（満室研究所）　http://www.houkoku.net/
・報告ネット業務日誌（ブログ）　http://bohemianyama.blog116.fc2.com/

新版「遠方・地方・激戦区」でも
満室大家になる方法

著　者	山岡 清利
発行者	池田 雅行
発行所	株式会社 ごま書房新社 〒101-0031 東京都千代田区東神田2-1-8 ハニー東神田ビル5F TEL 03-3865-8641（代） FAX 03-3865-8643
カバーデザイン	堀川 もと恵（@magimo創作所）
編集協力	加藤 浩子（オフィスキートス）
印刷・製本	倉敷印刷株式会社

ISBN978-4-341-08577-3 C0034

ごま書房新社の本

空室率87.5%のボロ物件は如何にして満室になったのかヽ(´Д`;)ノ

新米大家VS おんぼろアパート“赤鬼荘” ー満室までの涙の240日ー

渡辺 よしゆき　著

金持ち大家さんアカデミー賞2011MVP授賞作品が遂に書籍化!

【「貧乏、暇なし、低属性」でも関係ない! ヽ(`Д´)ノ】
床下浸水、孤独死、警戒区指定!　ありえない困難を乗り越えた新米（初心者）大家の“失敗から始まる”奮闘記!
1000万以下で高利回りアパートを買おうと思った著者。そこから怪しい不動産屋さんとの出会い、次々と見つかるアパートのボロ、とんでもない住人たち、瑕疵による裁判、突然の土砂災害警戒区指定!　ドラマを見るようにアパート経営の流れを学べます。
大家さん予備軍から上級者まで、もしも…の時のの知恵と勇気を学んでおきましょう。

定価税込：1680円　四六判　236頁　ISBN978-4-341-08564-3　C0034